DEUTSCH ALS ZWEITSPRACHE   NIVEAU A1

LERNWORTSCHATZ

Wörterbuch
Deutsch – Englisch Tigrigna
Niveau A1
bearbeitet von
Marlene Abdel Aziz – Schachner
Goitom Beraki
Tekle Tesfamriam
Umschlagberechnung Hülya Akgün

Autorin und Übersetzer danken allen Kursteilnehmern, die Wörterbuch erprobt, begutachtet und mit wertvollen Ergänzungen zur Entwicklung des Wörterbuches beigetragen haben.
Besonderer Dank gebührt Hülya Akgün für die ehrenamtliche Arbeit.

Verlag: BoD Nordenstedt

Das Werk und seine Teile sind urheberrechtlich geschützt.
Jede Verwertung in anderen als den gesetzlich zugelassenen Fällen bedarf deshalb vorheriger schriftlichen Einwilligung des Verlags / der Autorin.

Hinweis zu § 52a UrhG: Weder das Wer noch seine Teilen dürfen ohne eine solche Einwilligung kopiert, überspielt, gespeichert und in ein Netzwerk eingespielt werden. Dies gilt für Intranets von Firmen und von Schulen und sonstigen Bildungseinrichtungen.

0180 57 37 37 67 67 / 14 Cent/Min aus dem deutsch. Festnetz, abweich. Mobilfunktarif
Mobil 0173 40 73 702
ab 20 Uhr 0900 11 22 911 /1,99 € / Min. aus dem deutsch. Festnetz, abweich. Mobilfunktarif
Internetadresse: grammatikkurs.de

© 20131 grammatikkurs.de, Darmstadt, Deutschland
Herstellung und Verlag: BoD - Books on Demand, Norderstedt
Printed in Germany ISBN 978-3-848231-49-2

So benutzen Sie dieses Buch:

Konjugations-nummer	Deutsch	Beispiel	Englisch	Tigrigna
45	heißen	heiße, hieß, habe geheißen	to be called	ይብሃል (ኣብነት: ኣሱ ሜ ይብሃል)
4	hören	Hören Sie auch gerne Radio?	to hear	ምኽማዬ
18 ge	telefonieren	Frauen telefonieren gerne.	to telephone	ተሌፎን ምድዋል

45 Konjugationsnummer: Mit Hilfe dieser Nummer lassen sich alle Verben, die in der alphabetischen Verbliste im Buch Verbtabellen Plus DEUTSCH von Pons, ISBN 978-3-12-561515-1, am Ende aufgelistet sind, dem jeweils entsprechenden Konjugationsmuster zuordnen.

Verwendete Abkürzungen
~~ge~~ Partizip wird ohne ~~ge~~ gebildet.
ich telefoniere, ich telefonierte, ich habe *telefoniert*
sichA Reflexivpronomen steht im Akkusativ
sichD Reflexivpronomen steht im Dativ
, " Umlaut im Plural
Sg. Nur Singular
Pl. Nur Plural
+A Akkusativ
+D Dativ
+A +D Akkusativ oder Dativ

Quellen:
Verbtabellen Plus DEUTSCH pons.de
Duden.de
canoo.net
u.a.

	...-monatig	...zweimonatig (zwei Monate *dauernd*)	Adjektiv	..ወርሓዊ	month long (an 8-months long training)
die	2-Zimmer-Wohn*ung*	-en die Wohnungen	Substantiv / Nomen Nominativ: *die* Genitiv: *der* Dativ: *der* Akkusativ: *die*	2 ክፍሉ ገዛ	one-bedroom-apartment
die	45-Stunden-Woch*e*	-n die Wochen	Substantiv / Nomen Nominativ: *die* Genitiv: *der* Dativ: *der* Akkusativ: *die*	45 ሰዓታት ኣብ ሰሙን	45-hour-week
	ab	+ D.	Präposition / Adverb	ካብዚ/ቲ...	from... onwards
82	*ab.fahren*	Wir fahren um 20 Uhr ab.	Verb trennbar *sein*	ምን ቃል/ምጊጋስ	to depart, take off
61	*ab.nehmen*	Barbara nimmt den Hörer ab. Marlene nimmt in der ersten Woche 2 Kilo ab.	Verb trennbar	ከቢዪት ምቔናስ	here: to take s. th. from s. o.
4	*ab.stellen*	Stellen Sie bitte die Vase auf dem Boden ab.	Verb trennbar	ምቐማጥ	to park, to store
87	*ab.waschen*	Wer wäscht heute ab?	Verb trennbar	ምሕጸብ/	to wash dishes
der	Abend	-e die Abende	Substantiv / Nomen Nominativ: *der* Genitiv: *des* Dativ: *dem* Akkusativ: *den*	ምሸት	evening
das	Abend*essen*	– die Essen	Substantiv / Nomen Nominativ: *das* Genitiv: *des* Dativ: *dem* Akkusativ: *das*	ድራር	dinner
	abends	Abends *esse* ich nie	Adverb	ናይ ምሸት	in the evening
	aber	Heute *ist* das Wetter schön, aber morgen *wird* es regnen.	Konjunktion Adverb	ግን	but, here: Today the weather is nice, but tomorrow it will rain
die	Abkürz*ung*	-en die Kürzungen	Substantiv / Nomen Nominativ: *die* Genitiv: *der* Dativ: *der* Akkusativ: *die*	ኣሕጽሮት	abbreviation
die	Abteilung	-en die Abteilungen	Substantiv / Nomen Nominativ: *die* Genitiv: *der* Dativ: *der* Akkusativ: *die*	ክፍሊ	department
der	ach - Laut	-e die Laute	Substantiv / Nomen Nominativ: *der* Genitiv: *des*	ach - ዝድመጺ	ach-sound

			Dativ: *dem* Akkusativ: *den*		
der	Adler	– die Adler	Substantiv / Nomen Nominativ: *der* Genitiv: *des* Dativ: *dem* Akkusativ: *den*	ሪዛ/	eagle
die	Adress*e*	-n die Adressen	Substantiv / Nomen Nominativ: *die* Genitiv: *der* Dativ: *der* Akkusativ: *die*	ኣድራሻ	address
	äh	Äh, was *hast* du *gesagt*?	Interjektion	እ..ምም	well ...
die	Ahn*ung*	-en die Ahnungen	Substantiv / Nomen Nominativ: *die* Genitiv: *der* Dativ: *der* Akkusativ: *die*	ኣመት/ሓሳብ	idea (no idea)
die	Akkusativend*ung*	-en die Endungen	Substantiv / Nomen Nominativ: *die* Genitiv: *der* Dativ: *der* Akkusativ: *die*		accusative ending
der	Akzent	-e die Akzente	Substantiv / Nomen Nominativ: *der* Genitiv: *des* Dativ: *dem* Akkusativ: *den*		accent
der	Alkohol	Sg.	Substantiv / Nomen Nominativ: *der* Genitiv: *des* Dativ: *dem* Akkusativ: *den*	ኣልኮሆል	alcohol
	alkoholfrei	Mokhtar *trinkt* nur alkoholfreies Bier	Adjektiv	ኣልኮሆል ኣልበ	without alcohol
	alkoholisch	Alkoholische Getränke *sind* im Kino verboten	Adjektiv	ኣልኮሆላዊ	alcoholic
	all-	1. ganz, gesamt auf etwas … 2. jeder, jedes, jegliches 3. stärker … 4. alle Leute hier jeder Anwesende …	Pronomen und Zahlwort Indefinit	ኩሉ	all / everything together (All together it cost 10 Euro)
	allein(e)	Das Kind *ist* alleine im Garten	Adjektiv	በይኑ/ና	alone
das	Allerlei	Sg.	Substantiv / Nomen Nominativ: *das* Genitiv: *des* Dativ: *dem* Akkusativ: *das*		mixture vegetable dish from Leipzig
der	Alltag	Sg.	Substantiv / Nomen Nominativ: *der* Genitiv: *des* Dativ: *dem* Akkusativ: *den*	ዕለታዊ/መዓልታዊ	ordinary weekday
die	Alltags*sprache*	-n die Sprachen	Substantiv / Nomen Nominativ: *die* Genitiv: *der* Dativ: *der*	ማዓልታዊ ቋንቋ	colloquial speech

			Akkusativ: *die*		
das	Alphabet	-e die Alphabete	Substantiv / Nomen Nominativ: *das* Genitiv: *des* Dativ: *dem* Akkusativ: *das*	ፊደላት	alphabet
	als	*Als* ich noch ein Kind *war*, wollte ich Pilot *werden*.	Konjunktion	እን....(ኣብ ገዛ እንከሎኻ)	as, when, while
	als	Dein Telefon *war* immer besetzt, als ich dich *anrief*.	Konjunktion	ማ ጸጸሪ ቃል.(እታ ስረ ካብ'ታ ካምቻ ትሓስረ) ወይ ኣብ ኤርትራ ኣብ ዝነ በርክሉ..	than (Your phone was always busy when I called you.)
	alt	alt, älter, am ältesten	Adjektiv	ኣረጊት/ዓቢ	old
der	Altbau	-ten die Bauten	Substantiv / Nomen Nominativ: *der* Genitiv: *des* Dativ: *dem* Akkusativ: *den*	ኣረጊት ገዛ	older building
	am	= an dem + *D*.	Präposition + Artikel	ኣብ	at, at the
	am Satz*ende*	Im Perfekt *steht* das Verb am Satzende.	Nomen	ኣብ መወዳእታ ምጣእ-ሓሰብ	at the end of the sentence
	am Stück	*Möchten* Sie Käse am Stück oder *geschnitten*?	Nomen	ብሓንሳብ/ኣብ ሓደ እዋን	in one piece, unsliced
das	Amt	¨-er die Ämter	Substantiv / Nomen Nominativ: *das* Genitiv: *des* Dativ: *dem* Akkusativ: *das*	ቤት ጽሕፈት/ መዛነ ት/ስልጣን	public office
	an	+ A./D.	Präposition / Adverb	ኣብ	at
63	an.braten	brate an, angebraten	Verb trennbar	ምጥባስ	to sear
33	an.fangen	Wir *fangen* mit dem Diktat *an*.	Verb trennbar	ምፍላ ማምጅማሪ	to begin
4	an.kreuzen	*Kreuzen* Sie alle Verben *an*	Verb trennbar	ኣመስቅል/ምማስ ቃል	to tick, to mark with a cross
18 ge	an.probieren	Die Kundin *probiert* alle Kleider *an*.	Verb trennbar	ምፍታን /ምጭ ቃን	to try on
65	an.rufen	Wann *rufst* du mich *an*?	Verb trennbar	ምድዋል	to call
72	an.sehen	Ich *sehe* dich *an*	Verb trennbar	ምዊኣይ	to look at
91	an.ziehen	Javier *zieht* die Hauschuhe im Kurs *an*.	Verb + sichA	ምኽዳን	to put on
	ander-	Die *anderen raten*.	Pronomen	ካልኣት	other
der	Anfang	¨-e die Fänge	Substantiv / Nomen Nominativ: *der* Genitiv: *des* Dativ: *dem* Akkusativ: *den*	መጀመርያ/ፈለማ	beginning
das	An*gebot*	-e	Substantiv / Nomen	ቀረብ	offer

			Nominativ: das Genitiv: des Dativ: dem Akkusativ: das		
		die Angebote			
der	Angestellte	-n die Angestellten	Substantiv / Nomen Nominativ: der Genitiv: des Dativ: dem Akkusativ: den	ቑጻር ሰራሕተኛ	employee
die	Anmeldung	-en die Meldungen	Substantiv / Nomen Nominativ: die Genitiv: der Dativ: der Akkusativ: die	ምዝገባ	reception
der	Anorak	-s die Anoraks	Substantiv / Nomen Nominativ: der Genitiv: des Dativ: dem Akkusativ: den	ጃስ	anorak, windbreaker
die	Anprobe	-n die Proben	Substantiv / Nomen Nominativ: die Genitiv: der Dativ: der Akkusativ: die	ዓቐን	fitting
die	Ansage	-n die Ansagen	Substantiv / Nomen Nominativ: die Genitiv: der Dativ: der Akkusativ: die	ሓበሬታ ምሃብ	annoucement
	anstrengend	Die Prüfung ist anstrengend	Adjektiv	ኣድካሚ	strenuous
die	Antwort	-en die Antworten	Substantiv / Nomen Nominativ: die Genitiv: der Dativ: der Akkusativ: die	መልሲ	the answer
4, 11	antworten	Warum antwortest du nicht?	Verb	ምማእ ሽ	to answer
die	Anzahl	Sg.	Substantiv / Nomen Nominativ: die Genitiv: der Dativ: der Akkusativ: die	ቁጽሪ/ኣሃዝ	number
die	Anzeige	-n die Anzeigen	Substantiv / Nomen Nominativ: die Genitiv: der Dativ: der Akkusativ: die	ምልክታ	ad
der	Anzug	"-e die Anzüge	Substantiv / Nomen Nominativ: der Genitiv: des Dativ: dem Akkusativ: den	ሱፍ/ባኖ	suit
der	Apfel	"- die Äpfel *Grammatik*: Obst hat meistens Artikel die!! *Ausnahme* der Apfel	Substantiv / Nomen Nominativ: der Genitiv: des Dativ: dem Akkusativ: den	ቱፋሕ	apple

		und der Pfirsich!!			
der	Apfelsaft	"-e die Säfte	Substantiv / Nomen Nominativ: der Genitiv: des Dativ: dem Akkusativ: den	ጽማቝ ቱፋሕ	apple juice
die	Apfelsaftschorle	-n die Schorlen	Substantiv / Nomen Nominativ: die Genitiv: der Dativ: der Akkusativ: die	ቅጡን ብማይ ጽሚቝ ቱፋሕ	apple juice mixed with mineral water
die	Apotheke	-n die Apotheken	Substantiv / Nomen Nominativ: die Genitiv: der Dativ: der Akkusativ: die	ቤተ-መድሓኒ/ፋርማቻ	pharmacy
der	Apotheker	–	Substantiv / Nomen Nominativ: der Genitiv: des Dativ: dem Akkusativ: den	እቲ ፋርማኪስታ	pharmacist
die	Apothekerin	-nen die Apothekerinnen	Substantiv / Nomen Nominativ: die Genitiv: der Dativ: der Akkusativ: die	እታ ፋርማሲስታ	pharmacist
der	Apparat	-e die Apparate	Substantiv / Nomen Nominativ: der Genitiv: des Dativ: dem Akkusativ: den	ማኪና	telephone
der	Appetit	Sg.	Substantiv / Nomen Nominativ: der Genitiv: des Dativ: dem Akkusativ: den	ሸወሃት	appetite
4, 11	arbeiten	Ich arbeite bei McDonald	Verb	ምስራሕ/ምሽቃል	to work
die	Arbeitsanweisung	-en die Weisungen	Substantiv / Nomen Nominativ: die Genitiv: der Dativ: der Akkusativ: die	መምርሒ-ስራሕ	work instruction
die	Arbeitsbedingung	-en die Bedingungen	Substantiv / Nomen Nominativ: die Genitiv: der Dativ: der Akkusativ: die	ኩነታት ስራሕ	working conditions
	arbeitslos	Er ist nicht arbeitslos, er sucht Arbeit	Adjektiv	ስራሕኣልቦ	unemployed
der	Arbeitsplatz	"-e die Plätze	Substantiv / Nomen Nominativ: der Genitiv: des Dativ: dem Akkusativ: den	ቦታ ስራሕ	work place
die	Arbeitsstelle	-n die Stellen	Substantiv / Nomen Nominativ: die Genitiv: der Dativ: der Akkusativ: die	ቦታ ስራሕ	work position, job
der	Arbeitstag	-e	Substantiv / Nomen	መዓልቲ ስራሕ	workday

		die Tage	Nominativ: der Genitiv: des Dativ: dem Akkusativ: den		
die	Arbeits*zeit*	-en die Zeiten	Substantiv / Nomen Nominativ: die Genitiv: der Dativ: der Akkusativ: die	ጊዝያተ-ስራሕ	working hour
der	Arm	-e die Arme	Substantiv / Nomen Nominativ: der Genitiv: des Dativ: dem Akkusativ: den	ምፃት/ቅልጽም	arm
die	Armband*uhr*	-en die Uhren	Substantiv / Nomen Nominativ: die Genitiv: der Dativ: der Akkusativ: die	ሰዓት	watch
der	Artikel	– die Artikel	Substantiv / Nomen Nominativ: der Genitiv: des Dativ: dem Akkusativ: den	ማቴዋድይ (ኣብንተ፡ ጥቓ፡ ልዕሊ)	article
der	Arzt	"-e die Ärzte	Substantiv / Nomen Nominativ: der Genitiv: des Dativ: dem Akkusativ: den	እቲ ሓኪም	doctor
der	Arzt*besuch*	-e die Besuche	Substantiv / Nomen Nominativ: der Genitiv: des Dativ: dem Akkusativ: den	ሓኪም ምኒኣይ	medical visit
das	Ärzte*haus*	"-er die Häuser	Substantiv / Nomen Nominativ: das Genitiv: des Dativ: dem Akkusativ: das	እንዳ ሓካይማሓኪም	joint medical practice
die	Ärztin	-nen die Ärzti*nn*en	Substantiv / Nomen Nominativ: die Genitiv: der Dativ: der Akkusativ: die	እታ ሓኪም	doctor
	auch	*Hast* du auch Kopfschmerzen?	Adverb	እውን	also, too
	auf	+ *A.* Was *heißt* das auf Deutsch? Auf 200Grad *vorheizen*	Präposition	ኣብ ልዕሊ.	in What is it in German?
	auf einen Blick	+ *A.* Ich *sehe* es auf einem Blick.	Präposition / Adverb	ኣብ ብሓደ ጠመተ/ኣሚ ኻኸታ	at at one glance
	Auf Wieder*sehen*!	Tschüss	Gruß	ኣብ ዳግመምኒኣይ/-ርከብ	Good bye!
43	auf.hängen		Verb trennbar	ምን ጥልጧል/ምእናቐ	to hang up
4	auf.hören		Verb trennbar	ምግዳፍ/ምቑራጽ	to stop

4	*auf.räumen*		*Verb* trennbar	ምዉጋን /ምጽዕ ዓል (ኣብነት ገዛ)	to clean up / tidy up
24	*auf.schreiben*	*Schreiben* Sie die Handynummer *auf*	*Verb* trennbar	ምጽሓፍ	to note, to write down
78	*auf.stehen*	Ich stehe jeden Tag um 7 Uhr *auf*	*Verb* trennbar *sein*	ምትንሳእ	to get up
4	*auf.wachen*	Ich *wache* jeden Tag um 7 Uhr *auf*. Ich *bin* jeden Tag um 7 Uhr *aufgewacht*.	*Verb* trennbar *sein*	ምብራር	to wake up
die	Aufforder*ung*	-en die Forderungen	Substantiv / Nomen Nominativ: *die* Genitiv: *der* Dativ: *der* Akkusativ: *die*	ጠለብ	the command, request
die	Auf*gabe*	-n die Gaben	Substantiv / Nomen Nominativ: *die* Genitiv: *der* Dativ: *der* Akkusativ: *die*	ዕዮ/ስራሕ	assignment, exercise
der	Auf*lauf*	"-e die Aufläufe	Substantiv / Nomen Nominativ: *der* Genitiv: *des* Dativ: *dem* Akkusativ: *den*	ኣብ እቶን ዝበሰለ	casserole
die	Auflauf*form*	-en die Formen	Substantiv / Nomen Nominativ: *die* Genitiv: *der* Dativ: *der* Akkusativ: *die*	መብሰሊ ወይ መጥበሲ ቅርጺ	casserole dish
das	Auge	-n die Augen	Substantiv / Nomen Nominativ: *das* Genitiv: *des* Dativ: *dem* Akkusativ: *das*	ዓይኒ	eye
der	Augen*arzt*	"-e die Ärzte	Substantiv / Nomen Nominativ: *der* Genitiv: *des* Dativ: *dem* Akkusativ: *den*	ሓኪም ዓይኒ	oculist, eye specialist
die	Augen*ärztin*	-nen die Ärzti*nn*en	Substantiv / Nomen Nominativ: *die* Genitiv: *der* Dativ: *der* Akkusativ: *die*	ሓኪም ዓይኒ	oculist, eye specialist
das	Aupairmäd*chen*	– die Aupairmädchen	Substantiv / Nomen Nominativ: *das* Genitiv: *des* Dativ: *dem* Akkusativ: *das*	መዛዚት	au pair girl
	aus	+ D. Das Spiel *ist* aus.	Dativ / Präposition	ካብ	from
4	*aus.füllen*	Ich *fülle* die Banküberweisung *aus*	*Verb* trennbar	ምምኣእ (ኣብነት ቅጥዒ)	to fill in

4	aus.reisen		Verb trennbar sein	መግሽ/ካብ ሃገር ምውጻእ	to leave the country
4	aus.ruhen	Ich ruhe mich in der Mittagspause aus.	Verb trennbar + sichA	ምዕራፍ/ምክትራሕ	to rest
72	aus.sehen	Du siehst heute nicht gut aus	Verb trennbar	ትርኢት/ምኽከዕ	to look
24	aus.steigen	Bitte steigen Sie aus	Verb trennbar sein	ምውራድ/ኣብ ት ካብ ባቡር	to get off / out
4	aus.wählen	Der Gast wählt das Essen aus	Verb trennbar	ምምራጽ/ምሕራይ	to select, to choose
die	Ausbildung	-en die Bildungen	Substantiv / Nomen Nominativ: die Genitiv: der Dativ: der Akkusativ: die	ሞያዊ ስልጠና	job training
der	Ausdruck	"-e die Drücke	Substantiv / Nomen Nominativ: der Genitiv: des Dativ: dem Akkusativ: den	ሕታማቅዳሕ	expression
	ausgezeichnet	Das Essen ist ausgezeichnet	Adjektiv	ብሉጽ	excellent
das	Ausländeramt	"-er die Ämter	Substantiv / Nomen Nominativ: das Genitiv: des Dativ: dem Akkusativ: das	ቤት ጽሕፈት ጉዳያት ወጻእተኛታት	office for foreign citizens
die	Ausnahme	-n die Ausnahmen	Substantiv / Nomen Nominativ: die Genitiv: der Dativ: der Akkusativ: die	ሕድገት	exception
die	Ausreise	-n die Reisen	Substantiv / Nomen Nominativ: die Genitiv: der Dativ: der Akkusativ: die	ምጋሽ/ካብ ሃገር ምውጻእ	exit / departure from a country
der	Aussagesatz	"-e die Sätze	Substantiv / Nomen Nominativ: der Genitiv: des Dativ: dem Akkusativ: den	ምኽእ ሓሳብ	statement
der	Außendienst	Sg.	Substantiv / Nomen Nominativ: der Genitiv: des Dativ: dem Akkusativ: den	ኣገልግሎት ግዳማደገ	external service
die	Aussprache	-n die Sprachen	Substantiv / Nomen Nominativ: die Genitiv: der Dativ: der Akkusativ: die	ኣደማምጻ	pronunciation
der	Aussprache-Hit	-s die Hits	Substantiv / Nomen Nominativ: der	ኣደማጺ	pronunciation hit

			Genitiv: *des* Dativ: *dem* Akkusativ: *den*		
das	Auto	-s die Autos	Substantiv / Nomen Nominativ: *das* Genitiv: *des* Dativ: *dem* Akkusativ: *das*	ማኪና	car
das	Baby	-s die Babys	Substantiv / Nomen Nominativ: *das* Genitiv: *des* Dativ: *dem* Akkusativ: *das*	ሕጻን	baby
92	*backen*	Ich backe einen Kuchen	Verb	ምክንካት	to bake
die	Bäcker*ei*	-en die Bäckereien	Substantiv / Nomen Nominativ: *die* Genitiv: *der* Dativ: *der* Akkusativ: *die*	እንዳ ባኒ	bakery
der	Back*ofen*	"- die Öfen	Substantiv / Nomen Nominativ: *der* Genitiv: *des* Dativ: *dem* Akkusativ: *den*	እቶን	oven
das	Bad	"-er die Bäder	Substantiv / Nomen Nominativ: *das* Genitiv: *des* Dativ: *dem* Akkusativ: *das*	ባኞ	bathroom
der	Bade*anzug*	"-e die Anzüge	Substantiv / Nomen Nominativ: *der* Genitiv: *des* Dativ: *dem* Akkusativ: *den*	ማዛንበሲ ክዳን	bathing suit
die	Bade*wanne*	-n die Wannen	Substantiv / Nomen Nominativ: *die* Genitiv: *der* Dativ: *der* Akkusativ: *die*	መሕጸቢ ጋብላ	bathub
die	Bahn	-en die Bahnen	Substantiv / Nomen Nominativ: *die* Genitiv: *der* Dativ: *der* Akkusativ: *die*	ባቡር	train, tram, streetcar
der	Bahn*hof*	"-e die Höfe	Substantiv / Nomen Nominativ: *der* Genitiv: *des* Dativ: *dem* Akkusativ: *den*	መቐፍ ባቡር	station
	bald	Bald *kommt* der Sommer	Adverb	ብቅልጡፍ ጊዜ	soon
der	Balkon	-s/-e die Balkone die Balkons	Substantiv / Nomen Nominativ: *der* Genitiv: *des* Dativ: *dem* Akkusativ: *den*	ባልኮኒ	balcony
die	Banan*e*	-n die Bananen	Substantiv / Nomen Nominativ: *die* Genitiv: *der* Dativ: *der*	ባናና/ሙዝ	banana

die	Bank	-en die Banken *Geldinstitut*	Akkusativ: *die* Substantiv / Nomen Nominativ: *die* Genitiv: *der* Dativ: *der* Akkusativ: *die*	ባንኪ	bank
der	Bauch	"-e die Bäuche	Substantiv / Nomen Nominativ: *der* Genitiv: *des* Dativ: *dem* Akkusativ: *den*	ከብዲ	stomach
der	Bauch*schmerz*	-en die Schmerzen	Substantiv / Nomen Nominativ: *der* Genitiv: *des* Dativ: *dem* Akkusativ: *den*	ቅርጸት/ሕማም ከበዲ	stomach ache
das	Bauch*weh*	Sg.	Substantiv / Nomen Nominativ: *das* Genitiv: *des* Dativ: *dem* Akkusativ: *das*	ቅርጸት	stomage ache
die	Bau*stelle*	-n die Stellen	Substantiv / Nomen Nominativ: *die* Genitiv: *der* Dativ: *der* Akkusativ: *die*	ቦታ ንድቆ	construction site
das	Bau*unternehmen*	– die Unternehmen	Substantiv / Nomen Nominativ: *das* Genitiv: *des* Dativ: *dem* Akkusativ: *das*	ትካል ህንጸ	builder, building contractors
4, 11 ~~ge~~	*beantworten*	Du *beantwortest* alle Fragen	Verb	ምምላሽ	to answer
4, 11 ~~ge~~	*bedeuten*		Verb	ማለት/ትርጉም	to mean
die	Bedeut*ung*	-en die Deutungen	Substantiv / Nomen Nominativ: *die* Genitiv: *der* Dativ: *der* Akkusativ: *die*	ትርጉም	meaning
das	Bedienungs*geld*	-er die Gelder	Substantiv / Nomen Nominativ: *das* Genitiv: *des* Dativ: *dem* Akkusativ: *das*	ንኣሰላፊ ዝወሃብ መቐኽሽ	waiter´s fee
19 ~~ge~~	*beginnen*	Wann *beginnt* der Deutschkurs?	Verb	ምጅማር/ምክላም	to begin
4 ~~ge~~	*begrüßen*		Verb	ሰላም ምባል/ሰላምታ ምሃብ	to welcome, to say hello
	bei	+ D. Griesheim *liegt* bei Darmstadt.	Dativ / Präposition	ምስ : ጥቓ..	at
	beim	= bei dem + D.	Präposition + Artikel	ብ...	at, at the
das	Bein	-e die Beine	Substantiv / Nomen Nominativ: *das* Genitiv: *des* Dativ: *dem* Akkusativ: *das*	እግሪ	leg
das	Beisl	= Beisel, -/-n die Beiseln	Substantiv / Nomen Nominativ: *das*		(a special) wine pub

		kleine Weinlokale	Genitiv: *des* Dativ: *dem* Akkusativ: *das*		
das	Bei*spiel*	-e die Spiele	Substantiv / Nomen Nominativ: *das* Genitiv: *des* Dativ: *dem* Akkusativ: *das*	ኣብነት/ምሳሌ	example
48 ~~ge~~	*bekommen*	Sie *bekommt* ein Baby. Sie *hat* ein Baby *bekommen*.	Verb	ምውሳድ (ኣብነት ኮሜር ኣይትወስድን ኢኻ)	to get / receive (She doesn´t get any tomatoes)
48 ~~ge~~	*bekommen*		Verb	ምኻብ/	to get (here:to have: She´ll have a baby.)
das	belegtes Bröt*chen*	*Magst* du ein belegtes Brötchen?	Adjektiv + Substantiv / Nomen Nominativ: *das* Genitiv: *des* Dativ: *dem* Akkusativ: *das*	ሳንድዊች	roll topped with food
4, 14 ~~ge~~	*benutzen*		Verb	ምጥቃም	to use
63 ~~ge~~	*beraten*		Verb	ምምኻር	to advice
der	Bereitschafts*dienst*	-e die Dienste	Substantiv / Nomen Nominativ: *der* Genitiv: *des* Dativ: *dem* Akkusativ: *den*	ኣብ ተዳሎ	service on-call
der	Berlin*er*	— die Berliner *hier ein Gebäck*	Substantiv / Nomen Nominativ: *der* Genitiv: *des* Dativ: *dem* Akkusativ: *den*	ብስም ከተማ በርሊን ዝጽዋዕ ዘጥበስ ስጋ	yeasty pastry
der	Beruf	-e die Berufe	Substantiv / Nomen Nominativ: *der* Genitiv: *des* Dativ: *dem* Akkusativ: *den*	ሞያ/ስራሕ	profession
die	Berufsaus*bildung*	-en die Bildungen	Substantiv / Nomen Nominativ: *die* Genitiv: *der* Dativ: *der* Akkusativ: *die*	ሞያዊ ስልጠና/ትምህርቲ	professional training
24 ~~ge~~	*beschreiben*	Dilek *beschreibt* das Bild	Verb	ምግላጽ	to describe
4 ~~ge~~	*besetzen*		Verb	ምሓዝ/ምዃን እ	to take (a seat)
	besetzt	Deine Telefonnummer *ist* immer besetzt	Adjektiv	ትሓዝ/ሕዞእ	taken (Is the seat taken?)
das	Besteck	-e die Bestecke	Substantiv / Nomen Nominativ: *das* Genitiv: *des* Dativ: *dem* Akkusativ: *das*	ማንካ-ፎርኪታ-ካራ	silver ware, cutlery
4 ~~ge~~	*bestellen*		Verb	ምጥላብ	to order
4 ~~ge~~	*bestimmen*		Verb	ምውሳን/	to determine
	bestimmt	Er *kommt* bestimmt	Adjektiv	ፍሉጥ/ወሱን	most likely (Most likely, the printer is broken)

der	Besuch	-e die Besuche	Substantiv / Nomen Nominativ: *der* Genitiv: *des* Dativ: *dem* Akkusativ: *den*	በጻሒ	visit
4 ge	*besuchen*		Verb	ምብጻሕ	to visit
die	Beton*ung*	-en die Betonungen	Substantiv / Nomen Nominativ: *die* Genitiv: *der* Dativ: *der* Akkusativ: *die*	ጽቅጠት ኣብ ኣደማምጻ ቃል	stress
4, 11 ge	*betrachten*	Die Klasse *betrachtet* die Bilder. Die Klasse *hat* die Bilder *betrachtet*.	Verb sichA	ምዊኣይ/ምጥማት	to watch
4 ge	*betreuen*		Verb	ምሕላይ/ምምዕማይ	to look after
das	Bett	-en die Betten	Substantiv / Nomen Nominativ: *das* Genitiv: *des* Dativ: *dem* Akkusativ: *das*	ዓራት	bed
die	Beweg*ung*	-en die Bewegungen	Substantiv / Nomen Nominativ: *die* Genitiv: *der* Dativ: *der* Akkusativ: *die*	ንቅነቃ	movement
4 ge	*bezahlen*		Verb	ምኽፋል	to sell
	bezahlt	*Hast* du den Kaffee *bezahlt*?	Adjektiv	ክፉል	paid
die	Bezahl*ung*	-en die Zahlungen	Substantiv / Nomen Nominativ: *die* Genitiv: *der* Dativ: *der* Akkusativ: *die*	ክፍሊት	payment
der	BH	-s die BHs = Büstenhalter	Substantiv / Nomen Nominativ: *der* Genitiv: *des* Dativ: *dem* Akkusativ: *den*	መትሓዝ ጡብ/ረጃ	bra
die	Biblio*thek*	-en die Bibliotheken	Substantiv / Nomen Nominativ: *die* Genitiv: *der* Dativ: *der* Akkusativ: *die*	ቤተ-ንባብ	library
das	Bier	-e die Biere aber: *Bitte zwei Bier.*	Substantiv / Nomen Nominativ: *das* Genitiv: *des* Dativ: *dem* Akkusativ: *das*	ቢራ	beer
der	Bier*garten*	"- die Gärten	Substantiv / Nomen Nominativ: *der* Genitiv: *des* Dativ: *dem*	ኣብ ደገ ኮፍ ኣልካ ቢራ ዝስተዮ በታቀጽሪ	beer garden

			Akkusativ: den		
der	Bikini	-s die Bikinis	Substantiv / Nomen Nominativ: der Genitiv: des Dativ: dem Akkusativ: den	ማዣንበሲ ናይ ሰበይቲ	bikini
das	Bild	-er die Bilder	Substantiv / Nomen Nominativ: das Genitiv: des Dativ: dem Akkusativ: das	ስእሊ	here: image, photograph
4, 11	bilden	Sätze bilden	Verb	ምክራሕ	to form (to form sentences)
	billig	Die Hose ist billig	Adjektiv	ሕሱር	cheap
die	Birne	-n die Birnen	Substantiv / Nomen Nominativ: die Genitiv: der Dativ: der Akkusativ: die	ቴፋሕ ዝመስል ፈሩታ/ካዞሚር	pear
	bis	Was machen wir bis zu der Pause?	Konjunktion Präposition Adverb	ክሳብ	to, until
	Bis bald!	Tschüss und bis bald!	Präposition + Adverb	ክሳብ ደሓር	See you soon!
	bitte	Bitte, danke	Adverb	በጃኻ/ግዳ/እሺ	please
22	bitten	Ich bitte dich	Verb	ምሕታት/ምጽማጽ	to request
das	Blatt	"-er die Blätter	Substantiv / Nomen Nominativ: das Genitiv: des Dativ: dem Akkusativ: das	ወረቐት	sheet of paper
	blau	Der Himmel ist blau	Adjektiv	ሰማያዊ	blue
24	bleiben	Ich bleibe in Deutschland	Verb sein	ምጽናሕ	to stay
der	Bleistift	-e die Stifte	Substantiv / Nomen Nominativ: der Genitiv: des Dativ: dem Akkusativ: den	ርሳስ	pencil
der	Blick	-e die Blicke	Substantiv / Nomen Nominativ: der Genitiv: des Dativ: dem Akkusativ: den	ቆላ ሕታ/ጠመቱ	view, glance
die	Bluse	-n die Blusen	Substantiv / Nomen Nominativ: die Genitiv: der Dativ: der Akkusativ: die	ናይ ላዕሊ ካምቻ/ብሊሶ	blouse
das	Blut	Sg.	Substantiv / Nomen Nominativ: das Genitiv: des Dativ: dem Akkusativ: das	ደም	blood
61	Blut ab.nehmen	Im Labor wird das Blut abgenommen.	Substantiv / Nomen Nominativ: das Genitiv: des Dativ: dem	ደም ምዋላድ	to take a blood sample

			Akkusativ: das Verb trennbar		
die	Bohne	-n die Bohnen	Substantiv / Nomen Nominativ: die Genitiv: der Dativ: der Akkusativ: die	ኣደጉራ/ፋጆሊ	bean
das	Bowling	Sg.	Substantiv / Nomen Nominativ: das Genitiv: des Dativ: dem Akkusativ: das	ቦቻ/ቦወሊንግ	bowling
die	Bratkartoffel	-n die Kartoffeln nur Pl. gebräuchlich	Substantiv / Nomen Nominativ: die Genitiv: der Dativ: der Akkusativ: die	ጥቡስ ድንሽ	home-fried potatoes
die	Bratwurst	"-e die Würste	Substantiv / Nomen Nominativ: die Genitiv: der Dativ: der Akkusativ: die	ዝጥበስ ሰሊሕ ስጋ	sausage for frying
	braun	Die Erde *ist* braun (abwertend) nationalsozialistisch	Adjektiv	ቡናዊ	brown
25	brechen		Verb sichD etw. sichA haben + sein	ምኽባር	to breake
der	Brief	-e die Briefe	Substantiv / Nomen Nominativ: der Genitiv: des Dativ: dem Akkusativ: den	ደብዳቤ	letter (that you send)
die	Brille	-n die Brillen	Substantiv / Nomen Nominativ: die Genitiv: der Dativ: der Akkusativ: die	መነጽር-ዓይኒ/ኣክያለ	glasses
26	bringen		Verb	ምምጻእ	to bring
der	Brokkoli	Sg.	Substantiv / Nomen Nominativ: der Genitiv: des Dativ: dem Akkusativ: den	ብሮኮሊ	broccoli
das	Brot	-e die Brote	Substantiv / Nomen Nominativ: das Genitiv: des Dativ: dem Akkusativ: das	ባኒ	bread
das	Brötchen	– die Brötchen	Substantiv / Nomen Nominativ: das Genitiv: des	ባኒ/ሕብስቲ	roll, bun

			Dativ: dem Akkusativ: das		
der	Bruder	"- die Brüder	Substantiv / Nomen Nominativ: der Genitiv: des Dativ: dem Akkusativ: den	ሓው	brother
die	Brust	"-e die Brüste	Substantiv / Nomen Nominativ: die Genitiv: der Dativ: der Akkusativ: die	ኣፍ/ልቢ	chest, woman: breast
	brutto	Ich *verdiene brutto* 11€ in der Stunde	Adverb	ግሮስ	gross (income)
das	Buch	"-er die Bücher	Substantiv / Nomen Nominativ: das Genitiv: des Dativ: dem Akkusativ: das	መጽሓፍ	the book
der	Buch*halter*	–	Substantiv / Nomen Nominativ: der Genitiv: des Dativ: dem Akkusativ: den	ተሓዝ መዝገብ	book keeper
die	Buch*halterin*	-nen die Buchalterinnen	Substantiv / Nomen Nominativ: die Genitiv: der Dativ: der Akkusativ: die	ተሓዚት መዝገብ	book keeper
die	Buch*haltung*	-en die Haltungen	Substantiv / Nomen Nominativ: die Genitiv: der Dativ: der Akkusativ: die	ተሓዝ መዝገብ	book keeping
18 ~~ge~~	buchstabieren	*Buchstabieren* Sie Ihren Namen	Verb	ምንባብ ፊደላት	to spell
das	Bügel*eisen*	– die Eisen	Substantiv / Nomen Nominativ: das Genitiv: des Dativ: dem Akkusativ: das	ማካተሪ/ፈሮ	iron
der	Bundes*bürger*	– die Bürger	Substantiv / Nomen Nominativ: der Genitiv: des Dativ: dem Akkusativ: den	እተምደቂ ሃገር/ዜጋታት	federal citizen
die	Bundes*bürgerin*	-nen die Bürgerinnen	Substantiv / Nomen Nominativ: die Genitiv: der Dativ: der Akkusativ: die	እተን ደቂ ሃገር/ዜጋታት	federal citizen
die	Bürger*beratung*	-en die Beratungen	Substantiv / Nomen Nominativ: die Genitiv: der Dativ: der Akkusativ: die	ህዝቢ ምኽሪ ዝረኽቡሉ ቦታ	public information
das	Büro	-s die Büros	Substantiv / Nomen Nominativ: das Genitiv: des Dativ: dem Akkusativ: das	ቤት ጽሕፈት	office

der	Büroall*tag*	Sg.	Substantiv / Nomen Nominativ: *der* Genitiv: *des* Dativ: *dem* Akkusativ: *den*	መዓልታዊ ስራሓት ቤት ጽሕፈት	daily office routine
der	Bus	-se die Busse	Substantiv / Nomen Nominativ: *der* Genitiv: *des* Dativ: *dem* Akkusativ: *den*	ኣውቶቡስ	bus
der	Büsten*halter*	– die Halter *Abkürzung* BH	Substantiv / Nomen Nominativ: *der* Genitiv: *des* Dativ: *dem* Akkusativ: *den*	መትሓዝ ጠብ/ረጀቤቶ	brassiere
der	Bus*fahrer*	– die Fahrer	Substantiv / Nomen Nominativ: *der* Genitiv: *des* Dativ: *dem* Akkusativ: *den*	ዋሕ ኣውቶቡስ	earlier, formerly
die	Bus*fahrerin*	-nen die Fahrer*innen*	Substantiv / Nomen Nominativ: *die* Genitiv: *der* Dativ: *der* Akkusativ: *die*	መራሒት ኣውቶቡስ	bus driver
die	Butter	Sg.	Substantiv / Nomen Nominativ: *die* Genitiv: *der* Dativ: *der* Akkusativ: *die*	ጠስሚ	butter
	ca.	= circa	Adverb	ኣስታት	about
das	Café	-s die Cafes	Substantiv / Nomen Nominativ: *das* Genitiv: *des* Dativ: *dem* Akkusativ: *das*	ካፈ/እንዳ ቡን	café
die	Cafeteria	-s die Cafeterias	Substantiv / Nomen Nominativ: *die* Genitiv: *der* Dativ: *der* Akkusativ: *die*	እንዳ ቡን	cafeteria
die	Calzon*e* Quellemyfoodrecipes	– die Calzone	Substantiv / Nomen Nominativ: *die* Genitiv: *der* Dativ: *der* Akkusativ: *die*	ካልሶነ	a special pizza dish
der	Cappuccino	-s die Cappuccinos die Cappuccini	Substantiv / Nomen Nominativ: *der* Genitiv: *des* Dativ: *dem* Akkusativ: *den*	ካፑቺኖ	cappuccino
die	CD	-s die CDs	Substantiv / Nomen Nominativ: *die* Genitiv: *der* Dativ: *der* Akkusativ: *die*	ሲ.ዲ	the CD
der	Cent	-(s)	Substantiv / Nomen	ሳንቲም	cent

		die Cents	Nominativ: der Genitiv: des Dativ: dem Akkusativ: den		
die	Chance	-n die Chancen	Substantiv / Nomen Nominativ: die Genitiv: der Dativ: der Akkusativ: die	ዕድል	chance
die	Checkliste	-n die Listen	Substantiv / Nomen Nominativ: die Genitiv: der Dativ: der Akkusativ: die	መቄጸሪ-ሊስታ/ዝርዝር	check list
der	Cheeseburger	– die Burger	Substantiv / Nomen Nominativ: der Genitiv: des Dativ: dem Akkusativ: den	ቺዝ በርገር	cheeseburger
der	Chef	-s die Chefs	Substantiv / Nomen Nominativ: der Genitiv: des Dativ: dem Akkusativ: den	እቲ ሓለቓ እታ ሓለቓ	superior
die	Chefin	-nen die Chefinnen	Substantiv / Nomen Nominativ: die Genitiv: der Dativ: der Akkusativ: die	እቲ ሓለቓ እታ ሓለቓ	superior
das	CinemaxX-Kino	-s die Kinos	Substantiv / Nomen Nominativ: das Genitiv: des Dativ: dem Akkusativ: das	ሲነ ማአይሚክስ	CinemaxX movie theater
der	Computer	– die Computer	Substantiv / Nomen Nominativ: der Genitiv: des Dativ: dem Akkusativ: den	ኮምፑተር	computer
das	Computerproblem	-e die Probleme	Substantiv / Nomen Nominativ: das Genitiv: des Dativ: dem Akkusativ: das	ሽግራት ኮምፑተር	computer problem
	ct	= Cent der Cent	Nomen	ኣሕጽሮተ-ቃል ናይ ሳንቲም	abbr. of Cent
die	Currywurst	"-e die Würste	Substantiv / Nomen Nominativ: die Genitiv: der Dativ: der Akkusativ: die	ቅሙም ሽሊሕ ስጋ/ቹወርስት	sausage with curry sauce
	da	Was machst du da?	Konjunktion / Adverb	ኣብኣ/ኣብዚ	there
2	da sein	Wir sind den ganzen Tag da	Verb sein	ኣብኡ ምህላው (ኣብ ት፡)	to be there
1	dabei.haben	Hast du Geld dabei?	Verb trennbar	ምስ ሓደ ምህላው	to have with one

	dahinten	Die Apotheke *ist dahinten*	Adverb	ኣብ ድሕሪት	back there
die	Dam*e*	-n die Damen	Substantiv / Nomen Nominativ: *die* Genitiv: *der* Dativ: *der* Akkusativ: *die*	ወይዘሮ/ሰበይቲ	lady
	damit	Mit diesem Handy	Adverb	መታን/ምእንታን	so that
	danach	Ich *trinke* zuerst einen Kaffee, *dannach helfe* ich dir	Adverb	ድሕሪኡ	after this, afterwards
der	Dank	Sg.	Substantiv / Nomen Nominativ: *der* Genitiv: *des* Dativ: *dem* Akkusativ: *den*	ይመስገን/ተመስገን	thanks
	danke	Höflichkeitsformel	Partikel	የቐንየለይ/አመስግን	thanks, thank you
	Danke schön!	Danke schön, die Blumen *sind* wirklich sehr schön.	Nomen	የቐንየለይ/አመስግን	Thank you very much
	dann	Was *machen* wir *dann*?	Adverb	ድሓር	then
	daraufhin	Wir *haben daraufhin* unsere Pläne *geändert*	Adverb	ኣብ ልዕሊኡ	after that
	Das steht dir gut!	Die Bluse *passt* gut zu deinem Rock.	Aussagesatz	የመኻዓልካ/ኪ ኢየ	It looks good on you!
	dass	Ich *weiß*, *dass* du kein Geld *hast*.	Konjunktion Bindewort	ከም ዝ..... (ከም ዝመጽእ ሓቢሩ)	that (conjunction)
der	Dativ	-e die Dative	Substantiv / Nomen Nominativ: *der* Genitiv: *des* Dativ: *dem* Akkusativ: *den*	ተገ ብሮ ዝገ ልጽ(ስዋሱወ) ኣብነት መጽሓፍ ሂቦዮ)	dativ
die	Dativ*form*	-en die Formen	Substantiv / Nomen Nominativ: *die* Genitiv: *der* Dativ: *der* Akkusativ: *die*	ንተገብሮ ዝገልጽ	dative form
die	Dativprä*position*	-en die Positionen	Substantiv / Nomen Nominativ: *die* Genitiv: *der* Dativ: *der* Akkusativ: *die*		dative preposition
4, 15	dauern	Der Deutschkurs *dauert* 6 Monate	Verb	ንውሓት -ንግዜ/	to last
	davon	Ich *habe* nicht *davon*	Adverb	ካብኡ	of this, of these
	dazu	Was *sagst* du *dazu*?	Adverb	ምስኣ/ኣብ ልዕሊኣ/ተወሳኺ	for it (adding) to it
der	Deckel	– die Deckel	Substantiv / Nomen Nominativ: *der* Genitiv: *des* Dativ: *dem* Akkusativ: *den*	መኽደን/መዋፈን	cover, lid
das	Demonstrativ-*pronomen*	– die Pronomen	Substantiv / Nomen Nominativ: *das* Genitiv: *des* Dativ: *dem* Akkusativ: *das*	ሓበሪ ክንዲ ስም	demonstrative pronoun
27	*denken*		Verb	ምሕሳብ	to think

	denn	Ich *glaube* dir nicht, *denn* du *hast* immer *gelogen*	Adverb	...ደኣ (ኣብነት: ካብ ሽወደን ደኣ መን ሙኡ?)	then([Well] then, who´s from Sweden?)
	denn	Na, *denn* nicht.	Konjunktion / Adverb	ከ፡ እሞ፡ ምኽንያቱ	because, for
das	Dessert	-s die Desserts	Substantiv / Nomen Nominativ: *das* Genitiv: *des* Dativ: *dem* Akkusativ: *das*	ድሕሪ መግቢ ዝብላዕ ንኣሽቱ ነገራት	dessert
	detailliert	*Beschreiben* Sie Ihre Schmerzen *detailliert*.	Adjektiv	ብዝርዝር	detailed
das	Detail*verstehen*	Sg.	Substantiv / Nomen Nominativ: *das* Genitiv: *des* Dativ: *dem* Akkusativ: *das*	ዝርዝራዊ ተረድኦ	detail comprehension
der	Deutsch*kurs*	-e die Kurse	Substantiv / Nomen Nominativ: *der* Genitiv: *des* Dativ: *dem* Akkusativ: *den*	ትምሃርቲ ኮርስ/ቋንቋ ጀርመን	German course
	Deutschland	Sg. ohne Artikel	Staat in Mitteleuropa	ሃገረ ጀርመን	Germany
der	Deutsch*lehrer*	– die Lehrer	Substantiv / Nomen Nominativ: *der* Genitiv: *des* Dativ: *dem* Akkusativ: *den*	መማህር ቋነ ቋ ጀርመን	German teacher
die	Deutsch*lehrerin*	-nen die Lehrer*innen*	Substantiv / Nomen Nominativ: *die* Genitiv: *der* Dativ: *der* Akkusativ: *die*	መምህር ቋነቋ ጀርመን	German teacher
	deutschsprachig	Über 100 Millionen Menschen *sprechen* Deutsch.	Adjektiv	ተዛራቢ ቋንቋ ጀርመን	German-speaking
der	Deutsch*unterricht*	Sg.	Substantiv / Nomen Nominativ: *der* Genitiv: *des* Dativ: *dem* Akkusativ: *den*	ትምሃርቲ ቋንቋ ጀርመን	German class
der	Dialog	-e die Dialoge	Substantiv / Nomen Nominativ: *der* Genitiv: *des* Dativ: *dem* Akkusativ: *den*	ክትዕ /ዝርርብ/ምጫልስ ዘረባ	dialogue
der	Dialoganfang	¨-e die Anfänge	Substantiv / Nomen Nominativ: *der* Genitiv: *des* Dativ: *dem* Akkusativ: *den*	ፈለማግዝርርብ	beginning of the dialogue
der	Diens*tag*	-e die Dienstage *Abkürzung* Di.	Substantiv / Nomen Nominativ: *der* Genitiv: *des* Dativ: *dem* Akkusativ: *den*	ሰሉስ	Tuesday
	dienstags	Ich *gehe* dienstags schwimmen *Grammatik* Das Substantiv	Adverb	ሰሉስ-ሰሉስ	onTuesday (s)

		„Dienstag" wird *großgeschrieben*: - ich werde euch (am) Dienstag besuchen - alle Dienstage; eines Dienstags; des Dienstags; Hingegen wird das Adverb „dienstags" *kleingeschrieben*: dienstags (jeden Dienstag) um fünf Uhr; immer dienstags; dienstags abends; dienstags nachmittags				
das	Diktat	-e die Diktate	Substantiv / Nomen Nominativ: *das* Genitiv: *des* Dativ: *dem* Akkusativ: *das*	እተባህለ	dictation
das	Ding	-e die Dinge	Substantiv / Nomen Nominativ: *das* Genitiv: *des* Dativ: *dem* Akkusativ: *das*	ነገር	thing
	direkt	Sie *kommen* hier *direkt* zum Hauptbahnhof	Adjektiv	ቀጥታ	direct
der	Disc*jockey*	-s die Discjockeys *Abkürzung* der DJ die DJs	Substantiv / Nomen Nominativ: *der* Genitiv: *des* Dativ: *dem* Akkusativ: *den*	ዲጄይ	disc jockey
die	Disco	-s die Discos	Substantiv / Nomen Nominativ: *die* Genitiv: *der* Dativ: *der* Akkusativ: *die*	ዲስኮ	disco
	doch	*Magst* du keine Pizza? Doch, ich *mag* Pizza	Adverb	ኣይ'ምበር	indeed
der	Donners*tag*	-e die Donnerstage *Abkürzung* Do.	Substantiv / Nomen Nominativ: *der* Genitiv: *des* Dativ: *dem* Akkusativ: *den*	ሓሙስ	Thursday
	dort	Dort *finden* Sie die neuesten Handys	Adverb	ኣብኡ	there
die	Dos*e*	-n die Dosen	Substantiv / Nomen Nominativ: *die* Genitiv: *der* Dativ: *der* Akkusativ: *die*	ታኒካ	tin, can
	Dr.	*Abkürzung für* Doktor, der Doktor	Nomen	ዶር/	Dr. (short for doctor)
2	dran sein		Verb	ኣብዚ ተራ ማእትየ (ኣብኩት: ተራኡ ነይሩ)	to be one´s turn
48	dran.kommen	Im Wartezimmer: Wer *kommt* jetzt *dran*?	Verb trennbar +*sein*	ጥቃ ሓደ-ነገር ምብጻሕ/ምቅራብ..	to be s.o.´s turn (it´s his turn)
4	drauf.kriegen	umgangssprachlich	Verb	ሓደ ነገር ምውሳኽ	colloquial for: to

					retain (How do i retain these words?)
	drüben	*Drüben* wohnt meine Freundin	Adverb	ኣብዚ	over there
der	Drucker	– die Drucker	Substantiv / Nomen Nominativ: *der* Genitiv: *des* Dativ: *dem* Akkusativ: *den*	ማኅተም	printer
die	du-*Form*	-en die Formen	Substantiv / Nomen Nominativ: *die* Genitiv: *der* Dativ: *der* Akkusativ: *die*	ናይ እትፈልጦ/ኣቲ ኣታ	informal address
	dünn	Bitte die Wurst *dünn* geschnitten	Adjektiv	ቀጢን/ዕባራ	thin
	durch	+ A.	Präposition / Adverb	ብ……ብመን	by
28	*dürfen*		Verb Modalverb	ምግባእ/ይግባእ	to be allowed to
4	*duschen*	Ich *dusche mich* jeden Tag	Verb sichA	ነ ፍሲ ምሕጸብ	to shower
die	EC-Kart*e*	-n die Karten	Substantiv / Nomen Nominativ: *die* Genitiv: *der* Dativ: *der* Akkusativ: *die*	ኢ ሶ ባንክ ካርድ	EC-credit card
	effektiv	Sie *müssen effektiver* arbeiten	Adjektiv	ኣደማጺ/ብቖዕ/ዕቱብ	effective
	eher	Barbara war *eher* da als Mokhtar	Adverb		rather
das	Ei	-er die Eier	Substantiv / Nomen Nominativ: *das* Genitiv: *des* Dativ: *dem* Akkusativ: *das*	እንቋቑሖ	egg
die	Eier*sahne*	Sg.	Substantiv / Nomen Nominativ: *die* Genitiv: *der* Dativ: *der* Akkusativ: *die*	ሓዋስ እንቋቚሓን ልግዑን	egg-cream
	eigen-	Das *sind* meine *eigene* Kinder	Adjektiv	ናይ ብሕተይ/ባዕልኺ	own (He wants to have his own company)
	ein bisschen	ein bisschen (ein wenig)	Pronomen / Indefinitpronomen	ቀሩብ	a little (here: not much)
4	ein.kaufen	Ich *kaufe* jeden Tag 3 Brötchen *ein*.	Verb trennbar	ምሻማት/ምግዛእ	to buy
50	ein.laden		Verb trennbar	ምዕዳም	to invite
4	ein.packen		Verb trennbar	ምፕርናፍ	to pack (up), to wrap
4, 11	ein.schalten	Meine Schwester *schaltet* das Radio *ein*	Verb trennbar	ምወሳዕ	to turn on
68	ein.schlafen		Verb sein	ምትካስ	to fall asleep
24	ein.steigen		Verb trennbar	ምዳያብ	to give in / on
4	ein.teilen		Verb trennbar	ምምቃል/ምኽፋል	to organize, to arrange

	einfach	Die Aufgabe *ist einfach*	Adjektiv	ቀሊል/ፈኪስ	simple
	einig-	*Einige kommen* immer zu spät ☺	Pronomen	ስምሞ/ሓየ-ቃል	some (Some countries have an article)
der	Einkaufs*zettel*	– die Zettel	Substantiv / Nomen Nominativ: *der* Genitiv: *des* Dativ: *dem* Akkusativ: *den*	ማሻመቺ ሊስታ	shopping list
	einmal	Ich *möchte* nur einmal einen Ferrari *fahren*	Adverb	ሓንሳብ	once
das	Einwohner-melde*amt*	"-er die Ämter	Substantiv / Nomen Nominativ: *das* Genitiv: *des* Dativ: *dem* Akkusativ: *das*	ቤት ጽሕፈት ምዝገባ ነበርቲ	resident´s registration office
der	Einzel*handel*	Sg.	Substantiv / Nomen Nominativ: *der* Genitiv: *des* Dativ: *dem* Akkusativ: *den*	ዱኳን	retail buisiness
	einzeln	Bitte einzeln *aussteigen*	Adjektiv	ነ ፍሲ-ወከፍ/ብን ጽል	here: individually
das	Eis	Sg. *Speiseeis*	Substantiv / Nomen Nominativ: *das* Genitiv: *des* Dativ: *dem* Akkusativ: *das*	ጀላቶ	ice cream
der	Elektrik*er*	– die Elektriker	Substantiv / Nomen Nominativ: *der* Genitiv: *des* Dativ: *dem* Akkusativ: *den*	ክእለት ኤለክትሪክ ዘሎዎ/ዋ	electrician
die	Elektrikerin	-nen die Elektriker*innen*	Substantiv / Nomen Nominativ: *die* Genitiv: *der* Dativ: *der* Akkusativ: *die*	ዘሎዎ/ዋ ኤለክትሪቺስታ	
der	Elektro*discount*	-s die Discounts	Substantiv / Nomen Nominativ: *der* Genitiv: *des* Dativ: *dem* Akkusativ: *den*	ቅናሽ ኤለክትሮኒክ	discount shop for electrical appliances
	Elektro-Second-Hand	Sg. ohne Artikel	Nomen	ዘገልገለ ኣቍሑት ኤለክትሪክ	second hand electrical shop
	Eltern	Pluralwort Der Vater und die Mutter	Substantiv / Nomen Nominativ: *die* Genitiv: *der* Dativ: *den* Akkusativ: *die*	ወላድቲ/ወላዲ	parents
die	E-Mail	-s die Mails	Substantiv / Nomen Nominativ: *die* Genitiv: *der* Dativ: *der* Akkusativ: *die*	ኢመይል	e-mail
79 ge	empfehlen		Verb	ምጽባው	to recommend
das	End*e*	Sg.	Substantiv / Nomen Nominativ: *das* Genitiv: *des* Dativ: *dem*	መወዳእታ/መጠረሽታ	the end

				Akkusativ: *das*		
	endlich		*Endlich* ist Sommer da	Adjektiv	(ኣብ)መወዳእታ	finally
die	End*station*	-en die Stationen		Substantiv / Nomen Nominativ: *die* Genitiv: *der* Dativ: *der* Akkusativ: *die*	መጠረሽታ ነቑጣ	station at the destination
die	End*ung*	-en die Endungen		Substantiv / Nomen Nominativ: *die* Genitiv: *der* Dativ: *der* Akkusativ: *die*	መስሓቢ/መወዳእታ/ላቐባ	ending
	eng		Die Hose *ist* zu *eng*	Adjektiv	ጸቢብ	tight
	entlang		*Gehen* Sie am Fluss *entlang*	Adverb	ወሰና-ወሰን/ገምጋም	along
4	entschuldigen		*Enstchuldigen* Sie, ich *habe* keine Hausaufgaben *gemacht*	Verb	ይቕሬታ	to excuse, apologize
die	Entschuldig*ung*	-en die Entschuldigungen		Substantiv / Nomen Nominativ: *die* Genitiv: *der* Dativ: *der* Akkusativ: *die*	ይቕሬታ/ኣይትሓዘለይ/ዝላይ.. ይቕሬታ/ኣይትሓዘለይ/ዝላይ..!	excuse, apology Excuse me! Excuse me!
die	Erd*e*	Sg.		Substantiv / Nomen Nominativ: *die* Genitiv: *der* Dativ: *der* Akkusativ: *die*	መሬት/ዓለም	here: world, globe
das	Erd*geschoss*	-e die Geschosse		Substantiv / Nomen Nominativ: *das* Genitiv: *des* Dativ: *dem* Akkusativ: *das*	ምድሪ ቤት/ታሕቲ	ground floor
der	Erfind*er*	– die Erfinder		Substantiv / Nomen Nominativ: *der* Genitiv: *des* Dativ: *dem* Akkusativ: *den*	እቲ መሃዚ/ፈጣሬ መሃዚት/ፈጣሬት	inventor
4	erfragen			Verb	ምሕታት/ ምጥያቕ	to find out by questioning
das	Erfrischungs-*getränk*	-e die Getränke		Substantiv / Nomen Nominativ: *das* Genitiv: *des* Dativ: *dem* Akkusativ: *das*	ልስሉስ ማተ	refreshment drink
4, 14 ge	ergänzen		*Ergänzen* Sie die Daten	Verb	ምዉላእ	to complete
das	Ergebnis	-se die Ergebnisse		Substantiv / Nomen Nominativ: *das* Genitiv: *des* Dativ: *dem* Akkusativ: *das*	ወጽኢት	result
die	Erinderin	-nen die Erfinder*innen*		Substantiv / Nomen Nominativ: *die* Genitiv: *der*	እቲ መሃዚ/ፈጣሪ መሃዚት/ፈጣሪት	inventor

			Dativ: *der* Akkusativ: *die*			
	erkältet	*Bist* du *erkältet*?	Adjektiv	ጉንፋዕ ሓሞም	to have a cold	
die	Erkält*ung*	-en die Erkältungen	Substantiv / Nomen Nominativ: *die* Genitiv: *der* Dativ: *der* Akkusativ: *die*	ጉንፋዕ	cold	
47 ge	erkennen	*Erkennst* du deine Freundin auf dem Bild?	Verb	ምፍላይ/ (ኣብ ት: ንዕኡ ኣለለያ ዮ)	to recognize	
4	erklären	Die Lehrerin *erklärt* der Klasse jedes Wort.	Verb	ምግላጽ/ምብራህ	to explain	
4	eröffnen		Verb sichA	ምኽፋት (ኣብ ት ሕሳብ ባንክ)	to open	
4	ersetzen		Verb	ምትካእ	to replace	
4	erzählen		Verb	ምንጋር	to tell	
36	es gibt	*Geben* Sie mir das Wörterbuch . Was *gibt`s*?	Verb	ምሃብ	to give	
der	Espresso	-s die Espressos die Espressi	Substantiv / Nomen Nominativ: *der* Genitiv: *des* Dativ: *dem* Akkusativ: *den*	ኤስፕረሶ	espresso	
58	essen	Moslems *essen* kein Schweinefleisch.	Verb	ምብላዕ/ምምግብ	to eat	
das	Essen	Sg.	Substantiv / Nomen Nominativ: *das* Genitiv: *des* Dativ: *dem* Akkusativ: *das*	ብልዒ/መግቢ	food	
der	Essig	Sg.	Substantiv / Nomen Nominativ: *der* Genitiv: *des* Dativ: *dem* Akkusativ: *den*	ኣቹቶ	vinegar	
der	Estragon	Sg.	Substantiv / Nomen Nominativ: *der* Genitiv: *des* Dativ: *dem* Akkusativ: *den*	ኣስራጎን (ቀመም)	taragon	
	etwas	= ein *wenig*	Pronomen	ገለ.. .. ሓደ ነገር	a little	
der	Euro	-(s) die Euros *Hast* du *Euros*? aber: *Das macht 10 Euro*	Substantiv / Nomen Nominativ: *der* Genitiv: *des* Dativ: *dem* Akkusativ: *den*	ኣይሮ	Euro	
	evangelisch	*Sind* Sie *evangelisch*?	Adjektiv	ከኒሻ	Protestant	
	extra	Bitte *extra* viel Käse!	Adjektiv	ፍሉይ	extra	
der	Fabrik*verkauf*	”-e die Käufe	Substantiv / Nomen Nominativ: *der* Genitiv: *des* Dativ: *dem* Akkusativ: *den*	መሸጣ ካብ ፋብሪካ	factory sale	
82	fahren	Er *fährt* gerne mit dem Auto	Verb	ምዝዋር	to drive, to ride	
der	Fahr*er*	– die Fahrer	Substantiv / Nomen Nominativ: *der*	ዘዋሪ (ኣብ ት: መኪና)	driver	

			Genitiv: *des* Dativ: *dem* Akkusativ: *den*		
die	Fahrerin	-nen die Fahrer*nn*en	Substantiv / Nomen Nominativ: *die* Genitiv: *der* Dativ: *der* Akkusativ: *die*	ዘዋሪት (ኣብነት፡ መኪና)	
der	Fahr*plan*	¨-e die Pläne	Substantiv / Nomen Nominativ: *der* Genitiv: *des* Dativ: *dem* Akkusativ: *den*	መዲብ መጓዓዝያ (ኣብነት ማኪና)	bus / train ... schedule
das	Fahr*rad*	¨-er die Räder	Substantiv / Nomen Nominativ: *das* Genitiv: *des* Dativ: *dem* Akkusativ: *das*	ብሽክሌታ	bicycle
der	Fall	¨-e die Fälle	Substantiv / Nomen Nominativ: *der* Genitiv: *des* Dativ: *dem* Akkusativ: *den*	ጉዳይ	case, circumstance
32	*fallen*	Die Benzinpreise *fallen*? Das *glaube* ich nicht.	Verb	ምውዳቕ	to fall
	falsch	Deine Antwort *ist falsch*	Adjektiv	ጌጋ/ዘይቅኑዕ/ስሕተት	wrong, false
die	Familie	-n die Familien	Substantiv / Nomen Nominativ: *die* Genitiv: *der* Dativ: *der* Akkusativ: *die*	ስድራ-ቤት	family
die	Familien*feier*	-n die Feiern	Substantiv / Nomen Nominativ: *die* Genitiv: *der* Dativ: *der* Akkusativ: *die*	በዓል ስድራቤት	family reunion
der	Familien*name*	-n die Namen	Substantiv / Nomen Nominativ: *der* Genitiv: *des* Dativ: *dem* Akkusativ: *den*	ስም ኣቦ/ወላዲ	last name
das	Fass	¨-er die Fässer	Substantiv / Nomen Nominativ: *das* Genitiv: *des* Dativ: *dem* Akkusativ: *das*	ዓቢ መትሓዚ ፈሳሲ/ፈስቶ/ገንኢ	keg, barrel
	fast	Wir *sind fast* fertig	Adverb	ዳርጋ	almost
das	Fax	-e die Faxe	Substantiv / Nomen Nominativ: *das* Genitiv: *des* Dativ: *dem* Akkusativ: *das*	ፋክስ	fax
4	fehlen	Wer *fehlt* in der Klasse?	Verb		to miss
der	Fehler	– die Fehler	Substantiv / Nomen Nominativ: *der* Genitiv: *des* Dativ: *dem* Akkusativ: *den*	ጌጋ/ስሕተት	mistake

	fein	Deine Haare *sind* sehr *fein*	Adjektiv	ጽቡቕ/ደቒቕ	fine, thin
das	Feld	-er die Felder	Substantiv / Nomen Nominativ: *das* Genitiv: *des* Dativ: *dem* Akkusativ: *das*	ሜዳ/ጎልጎል	field (playing field for a coin game)
das	Femin*um*	die Neutra	Substantiv / Nomen Nominativ: *das* Genitiv: *des* Dativ: *dem* Akkusativ: *das*	ሜኻላይ/ነጻ	neuter
das	Fenster*putzen*	Sg.	Substantiv / Nomen Nominativ: *das* Genitiv: *des* Dativ: *dem* Akkusativ: *das*	ምጽራይ መስኮት	the cleaning of windows
72	fern.sehen		Verb trennbar	ተለቪዥን	to watch TV
der	Fernseh*apparat*	-e die Apparate	Substantiv / Nomen Nominativ: *der* Genitiv: *des* Dativ: *dem* Akkusativ: *den*	ተለቪዥን	television set
der	Fern*seher*	– die Fernseher *der Fernsehapparat* *die Fernsehapparate*	Substantiv / Nomen Nominativ: *der* Genitiv: *des* Dativ: *dem* Akkusativ: *den*	ተለቪዥን	television (television set)
2	fertig sein	*Bist* du mit dem Deutschkurs *fertig*?	Verb	ምወዳእ/ምፕራሽ	to have / be finished
	fest	Die Mutter *hält* das Kind *fest* an der Hand	Adjektiv	ቀጥ/ጽኑዕ	in a job situation: permanent
das	Fest	-e die Feste	Substantiv / Nomen Nominativ: *das* Genitiv: *des* Dativ: *dem* Akkusativ: *das*	በዓል/ጽንብል	party
das	Festlich*e*	Sg. ohne Artikel: Festliches	Substantiv / Nomen Nominativ: *das* Genitiv: *des* Dativ: *dem* Akkusativ: *das*	ጽንብል	s.th. festive
die	Feuer*wehr*	-en die Wehren	Substantiv / Nomen Nominativ: *die* Genitiv: *der* Dativ: *der* Akkusativ: *die*	መጥፋእ ባርዕ/ሓዊ	fire brigade
das	Fieber	Sg.	Substantiv / Nomen Nominativ: *das* Genitiv: *des* Dativ: *dem* Akkusativ: *das*	ረስኒ	fever
der	Film	-e die Filme	Substantiv / Nomen Nominativ: *der* Genitiv: *des* Dativ: *dem* Akkusativ: *den*	ፊልም	film
34	finden	Ich *finde* meine Brille nicht.	Verb sichA	ምርካብ	to find

34	*finden*	Mein Ergebnis *finde* ich gut.	*Verb* *sichA*	ምኻብ	to find (I find my result good9
der	Finger	– die Finger	Substantiv / Nomen Nominativ: *der* Genitiv: *des* Dativ: *dem* Akkusativ: *den*	ኣጻብዕቲ	finger
die	Firma	die Firmen	Substantiv / Nomen Nominativ: *die* Genitiv: *der* Dativ: *der* Akkusativ: *die*	ኩባንያ/ፌርማ	company
der	Fisch	-e die Fische	Substantiv / Nomen Nominativ: *der* Genitiv: *des* Dativ: *dem* Akkusativ: *den*	ዓሳ	fish
das	Fisch*gericht*	-e die Gerichte	Substantiv / Nomen Nominativ: *das* Genitiv: *des* Dativ: *dem* Akkusativ: *das*	መሓዲ/መግቢ ዓሳ	fish dish
	fit	fit, fitter, am fittesten *fit* sein; sich *fit* halten; ein *fitter* Bursche; die *fitteste* Läuferin wird gewinnen	Adjektiv	ጥዑይ/ን ጡዑ	well
die	Fitness- Um*frage*	-n die Fragen	Substantiv / Nomen Nominativ: *die* Genitiv: *der* Dativ: *der* Akkusativ: *die*	ናይ ስፖርት ቃለ-ማሕተት	fitness survey
die	Flasch*e*	-n die Flaschen	Substantiv / Nomen Nominativ: *die* Genitiv: *der* Dativ: *der* Akkusativ: *die*	ጠርሙዝ	bottle
das	Fleisch	Sg.	Substantiv / Nomen Nominativ: *das* Genitiv: *des* Dativ: *dem* Akkusativ: *das*	ስጋ	meat
das	Fleisch*gericht*	-e die Gerichte	Substantiv / Nomen Nominativ: *das* Genitiv: *des* Dativ: *dem* Akkusativ: *das*	መሓዲ/መግቢ ስጋ	meat dish
die	Fleisch*wurst*	”-e die Würste	Substantiv / Nomen Nominativ: *die* Genitiv: *der* Dativ: *der* Akkusativ: *die*	ብስጋ ዘተሰርሓ ዘጥበስ ሽሊህ ስጋ	sausage made from cooked pork
88	*fliegen*		*Verb* *haben + sein*	ምብራር	to fly
der	Floh*markt*	”-e die Märkte	Substantiv / Nomen Nominativ: *der* Genitiv: *des* Dativ: *dem* Akkusativ: *den*	ዕዳጋ ጋዕ -ገ ልጥዎ	flea market
der	Flur	-e die Flure	Substantiv / Nomen Nominativ: *der*	ኮረደዮ	hall

			Genitiv: *des* Dativ: *dem* Akkusativ: *den*		
	formell	*Stellen* Sie sich bitte *formell* vor (Sie)	Adjektiv	ዕላዊ	formal
das	Formular	-e die Formulare	Substantiv / Nomen Nominativ: *das* Genitiv: *des* Dativ: *dem* Akkusativ: *das*	ኦርኔክ	form to fill out
4	*fort.setzen*	Sie setzt das Gespräch *fort*	Verb trennbar sichA	ምቐጻል	to continue
das	Foto	-s die Fotos	Substantiv / Nomen Nominativ: *das* Genitiv: *des* Dativ: *dem* Akkusativ: *das*	ስእሊ	the photograph
das	Foto*album*	die Alben	Substantiv / Nomen Nominativ: *das* Genitiv: *des* Dativ: *dem* Akkusativ: *das*	ኣልበም	photo album
die	Frage	-n die Fragen	Substantiv / Nomen Nominativ: *die* Genitiv: *der* Dativ: *der* Akkusativ: *die*	ሕቶ	question
der	Frage*artikel*	– die Artikel	Substantiv / Nomen Nominativ: *der* Genitiv: *des* Dativ: *dem* Akkusativ: *den*	መሕተቲ ቓል	interrogative article
4	fragen	Die Lehrerin *fragt*, du antwortest.	Verb sichA	ምሕታት	to ask, to question
das	Frage*wort*	"-er die Wörter	Substantiv / Nomen Nominativ: *das* Genitiv: *des* Dativ: *dem* Akkusativ: *das*	መሕተቲ ቓል	question word
der	Frankfurter *Kranz*	"-e die Kränze	Substantiv / Nomen Nominativ: *der* Genitiv: *des* Dativ: *dem* Akkusativ: *den*		frankfurter ring (pastry)
das	Frankfurter *Würstchen*	– die Würstchen	Substantiv / Nomen Nominativ: *das* Genitiv: *des* Dativ: *dem* Akkusativ: *das*	ብፍራን ክፎርት ዝጽዋዕ ዝጥበስ ሰሊሕ ስጋ	frankfurters
die	Frau	-en die Frauen	Substantiv / Nomen Nominativ: *die* Genitiv: *der* Dativ: *der* Akkusativ: *die*	ሰበይቲ	woman, Mrs
	frei	Welches Volk *ist frei?*	Adjektiv	ነጻ	free, here: empty

					seat
1	*frei.haben*	Die Kursteilnehmer *haben* heute *frei*.	Verb trennbar	ነጻ ምሃለው (ኣብነት ዕረፍቲ)	to be off duty, off work
der	Frei*tag*	-e die Freitage *Abkürzung* Fr.	Substantiv / Nomen Nominativ: der Genitiv: des Dativ: dem Akkusativ: den	ዓርቢ	Friday
die	Frei*zeit*	Sg.	Substantiv / Nomen Nominativ: die Genitiv: der Dativ: der Akkusativ: die	ትርፊ ጊዜ	leisure time
die	Freizeit*aktivität*	-en die Aktivitäten	Substantiv / Nomen Nominativ: die Genitiv: der Dativ: der Akkusativ: die	ኣብ ትርፊ ጊዜ ዝግበሩ ንጥፈታት	leisure activity
die	Fremd*sprache*	-n die Sprachen	Substantiv / Nomen Nominativ: die Genitiv: der Dativ: der Akkusativ: die	ቋንቋ ባዕዲ	foreign language
das	Fremd*wort*	"-er die Wörter	Substantiv / Nomen Nominativ: das Genitiv: des Dativ: dem Akkusativ: das	ቃል-ባዕዳ/ናይ ካልእ ቋንቋ	foreign word
der	Freund	-e die Freunde	Substantiv / Nomen Nominativ: der Genitiv: des Dativ: dem Akkusativ: den	ዓርኪ	friend boy
die	Freundin	-nen die Freund*inn*en	Substantiv / Nomen Nominativ: die Genitiv: der Dativ: der Akkusativ: die	መሓዛ	friend girl
die	Frikadell*e*	-n die Frikadellen	Substantiv / Nomen Nominativ: die Genitiv: der Dativ: der Akkusativ: die	ብጥሑን-ስጋ ዝተሰርሐ ክቢብ ጥቡስ ስጋ	meat ball
	frisch	Haben sie *frische* Eier?	Adjektiv	ሓዲሽ	fresh
das	Frisch*obst*	Sg.	Substantiv / Nomen Nominativ: das Genitiv: des Dativ: dem Akkusativ: das	ሓድሽ ፍሩታ	fresh fruit
der	Frucht*saft*	"-e die Säfte	Substantiv / Nomen Nominativ: der Genitiv: des Dativ: dem Akkusativ: den	ጽማቕ ፍሩታ	fruit juice
	früher	Bitte *kommen* Sie morgen etwas *früher*	Adjektiv	ቀዳምቅድም	zucchini casserole
das	Früh*stück*	Sg.	Substantiv / Nomen Nominativ: das Genitiv: des Dativ: dem	ቁርሲ	breakfirst

			Akkusativ: das		
4	*frühstücken*	In der Pause *frühstücken* wir alle zusammen.	Verb	ቁርሲ	to have breakfast
der	Füller	– die Füller *Abkürzung für* der Füllfederhalter die Füllfederhalter	Substantiv / Nomen Nominativ: *der* Genitiv: *des* Dativ: *dem* Akkusativ: *den*	ብርዒ	ink pen
4 ge	funktionieren	Das Handy *funktioniert* nicht.	Verb	ምክራሕ ሓዶ-ነገር /ምካድ... (ኣብነት ኣታ ተለቪዝዮን ትሰርሕያ)	to function, to work
	für	+ A. Der Vater *hat* keine Zeit *für* das Kind.	Dativ-Präposition	ን ...	for
	fürs	= für das + A.	Präposition	ን	for the ...
der	Fuß	"-e die Füße	Substantiv / Nomen Nominativ: *der* Genitiv: *des* Dativ: *dem* Akkusativ: *den*	እግሪ	foot
der	Fußball*club*	-s die Clubs	Substantiv / Nomen Nominativ: *der* Genitiv: *des* Dativ: *dem* Akkusativ: *den*	ክለብ ክዑሶ	soccer / football club
das	Fußball*spiel*	-e die Spiele	Substantiv / Nomen Nominativ: *das* Genitiv: *des* Dativ: *dem* Akkusativ: *das*	ጸወታ ክዑሶ እግሪ	soccer / football match
das	Fußball*stadion*	die Stadien	Substantiv / Nomen Nominativ: *das* Genitiv: *des* Dativ: *dem* Akkusativ: *das*	መጸወቲ/መጽወ ክዑሶ	soccer / football stadium
	g	Abkürzung = das Gramm	Nomen	ግ. (ግራም)	abbr. for gram
die	Gabel	-n die Gabeln	Substantiv / Nomen Nominativ: *die* Genitiv: *der* Dativ: *der* Akkusativ: *die*	ፎርኬታ	fork
	ganz	*Ist* das die *ganze* Hausaufgabe?	Adjektiv	ምሉእ	rather (How are you? - Rather well)
	ganz	*Ist* die Vase noch *ganz*?	Adjektiv	ምሉእ/ክቱ	totally, fully (The word is already totally spelled)
	garen	mit Dampf *kochen*	Verb	ምጥባስ	to cook (until done)
der	Garten quelle Herrngarten Da	"- die Gärten	Substantiv / Nomen Nominativ: *der* Genitiv: *des* Dativ: *dem* Akkusativ: *den*	ጀርዲን	garden, yard
der	Gast	"-e die Gäste	Substantiv / Nomen Nominativ: *der*	ጋሻ	guest

			Genitiv: *des* Dativ: *dem* Akkusativ: *den*		
36	*geben*	Die Mutter *gibt* dem Kind die Suppe.?	*Verb*	ምህብ	to give (Please give me an S...)
2	*geboren sein*		*Verb sein*	ተወላዲ ምኳን (ብ1960 ተወሊደ)	to be born
	gebraucht	*Ich* kaufe eine *gebrauchte* Lampe	Adjektiv	ዝተጠቕመ ነገር/ዘገልገለ ነገር	used, second-hand (The lamp is used)
der	Geburts*ort*	-e die Orte	Substantiv / Nomen Nominativ: *der* Genitiv: *des* Dativ: *dem* Akkusativ: *den*	ቦታ ልደት/ዘተወለድካሉ ቦታ	place of birth
der	Geburts*tag*	-e die Tage	Substantiv / Nomen Nominativ: *der* Genitiv: *des* Dativ: *dem* Akkusativ: *den*	ዕለተ-ልደት	birthday
	gegen	+ *A*.) Warum *fährt* Mokhtar immer *gegen* die Wand?	Präposition	ኣንጻር	toward (The film ends toward 10 o´clock)
der	Gegen*stand*	"-e die Stände	Substantiv / Nomen Nominativ: *der* Genitiv: *des* Dativ: *dem* Akkusativ: *den*	ነገር	object
das	Gegen*teil*	-e die Gegenteile	Substantiv / Nomen Nominativ: *das* Genitiv: *des* Dativ: *dem* Akkusativ: *das*	ኣንጻር/ተጻራሪ	contrary, opposite
	gegenüber	Die Apotheke *ist* genau *gegenüber*	Adverb	ሜዳዪ/ፊት-ለ-ፊት	across
das	Gehalt	"-er die Gehälter	Substantiv / Nomen Nominativ: *das* Genitiv: *des* Dativ: *dem* Akkusativ: *das*	ደሞዝ	salary
37	gehen	Wie *geht* es Ihnen? Danke der Nachfrage.	*Verb sein*	ምኻድ	to go, here: to be (How are you? it´s ok.)
	gelb	Die Sonnenblume *ist gelb*	Adjektiv	ብጫ	yellow
das	Geld	Sg.	Substantiv / Nomen Nominativ: *das* Genitiv: *des* Dativ: *dem* Akkusativ: *das*	ገንዘብ	money
der	Geld*automat*	-en die Automaten	Substantiv / Nomen Nominativ: *der* Genitiv: *des* Dativ: *dem* Akkusativ: *den*	ሰልዲ መውጽኢ ማሽን	automatic teller machine, ATM
	gemeinsam	*Lösen* sie *gemeinsam* eine Aufgabe	Adjektiv	በሓባር/ብሓንሳብ	together

	gemischt	Ich *mag* einen *gemischten* Salat	Adjektiv	ሕወሳስ	mixed
das	Gemüse	– die Gemüse	Substantiv / Nomen Nominativ: *das* Genitiv: *des* Dativ: *dem* Akkusativ: *das*	ሓምሊ/ኣሕምልቲ	vegetable
der	Gemüse*burger*	– die Burger	Substantiv / Nomen Nominativ: *der* Genitiv: *des* Dativ: *dem* Akkusativ: *den*	ናይ ኣሕምልቲ በርገር	vegetarian burger
die	Gemüse*lasagne*	-n die Lasagnen	Substantiv / Nomen Nominativ: *die* Genitiv: *der* Dativ: *der* Akkusativ: *die*	ለዛኛ ኣሕምልቲ	vegetable lasagne
die	Gemüse*suppe*	-n die Suppen	Substantiv / Nomen Nominativ: *die* Genitiv: *der* Dativ: *der* Akkusativ: *die*	መረቅ ኣሕምልቲ	vegetable soup
	genau	*Schreiben* Sie Ihre Adresse *genau* auf	Adjektiv	ልክዕ	exact, precise
	genauso	Ich *mag* den Tee *genauso* wie den Kaffee	Adverb	ልክዕ ከምኡ	exactly the same
35 ge	genießen		Verb	ምጽባተ - ምሕ	to enjoy
	geradeaus	*Gehen* Sie bitte *geradeaus*	Adverb	ቀጥታ/ትኽ	straight ahead
das	Gericht	-e die Speise	Substantiv / Nomen Nominativ: *das* Genitiv: *des* Dativ: *dem* Akkusativ: *das*	ሜዳ/ቤት ፍርዲ	dish, meal
	gern(e)	gern, lieber, am liebsten	Adverb	ኣፍቱ	with pleasure, gladly
das	Geschirr	Sg.	Substantiv / Nomen Nominativ: *das* Genitiv: *des* Dativ: *dem* Akkusativ: *das*	ሓፈሻዊ መጸወዊ ንብየቲታት	dishes
	geschlossen	Die Apotheke *ist* zu	Adjektiv	ዕጹው	closed
das	Geschwister	– nur *Pl.* üblich	Substantiv / Nomen Nominativ: *das* Genitiv: *des* Dativ: *dem* Akkusativ: *das*	ኣሕዋት	siblings
das	Gesicht	-er die Gesichter	Substantiv / Nomen Nominativ: *das* Genitiv: *des* Dativ: *dem* Akkusativ: *das*	ገጽ	face
	gestern	Wer *hat* gestern gearbeitet?	Adverb	ትማሊ/ትማኒ	yesterday
	gesund	gesünder, am gesündesten	Adjektiv	ጥዑይ	healthy

	Gesund und fit	Sind wir gesund und fit?	Adjektiv	ጥዑይ ን ንጡፍን	Healthy and Well
die	Gesundheit	Sg.	Substantiv / Nomen Nominativ: die Genitiv: der Dativ: der Akkusativ: die	ጥዕና	health
das	Getränk	-e Getränke	Substantiv / Nomen Nominativ: das Genitiv: des Dativ: dem Akkusativ: das	መስተ	drink
	getrennt	Meine Eltern leben getrennt	Adjektiv	ፍሉይ/ምቍል	separately
19 ge	gewinnen		Verb	ምዕዋት	to win
das	Girokonto	die Konten	Substantiv / Nomen Nominativ: das Genitiv: des Dativ: dem Akkusativ: das	ሕሳብ ባንክ	checking / current account
das	Glas	"-er die Gläser	Substantiv / Nomen Nominativ: das Genitiv: des Dativ: dem Akkusativ: das	ብርጭቆ/ጥርሙዝ	glass
	gleich	Moment, ich komme gleich	Adjektiv; Adverb	ጽንሕ ኢልካ...	right away (I´ll bring the enu right away.)
	gleichmäßig	Verteilen Sie die Butter gleichmäßig auf die Brötchen	Adjektiv	ብምዕሩ	even
die	Gleitzeit	Sg.	Substantiv / Nomen Nominativ: die Genitiv: der Dativ: der Akkusativ: die	ተቓያዪ ጊዜ ስራሕ	flexitime
	global	über die ganze Erde / die Welt	Adjektiv	ዓለማዊ ለኻዊ/ኣህጉራዊ	global
das	Globalverstehen	Sg.	Substantiv / Nomen Nominativ: das Genitiv: des Dativ: dem Akkusativ: das	ዓለም ለኻዊ ተረድኦ	global / overall comprehension
das	Glück	Sg.	Substantiv / Nomen Nominativ: das Genitiv: des Dativ: dem Akkusativ: das	ዕድል	luck, fortune
	golden	Oh, das Baby ist so goldig	Adjektiv	ወርቃዊ	golden
der	Gott	"-er die Götter	Substantiv / Nomen Nominativ: der Genitiv: des Dativ: dem Akkusativ: den	እግዚኣብሄር/ኣምላኽ	god
	Gott sei Dank!	Dem Himmel sei Dank.	Nomen	ኣምላኽ/እዚጊሄር ይመገን	Thank god!

der	Gouda	-s die Goudas	Substantiv / Nomen Nominativ: der Genitiv: des Dativ: dem Akkusativ: den	ጋወዳ/ዓይነት ፎርማጆ	Gouda cheese
der	Grad	-e die Grade Zeichen:°	Substantiv / Nomen Nominativ: der Genitiv: des Dativ: dem Akkusativ: den	ዲግሪ/መጠቀኒ መቐት	degree (symbol:)
die	Grafik	-en die Grafiken	Substantiv / Nomen Nominativ: die Genitiv: der Dativ: der Akkusativ: die	ስእሊ/ግራፊክ	drawing, graph
das	Gramm	– Abkürzung g	Substantiv / Nomen Nominativ: das Genitiv: des Dativ: dem Akkusativ: das	ግራም	gram, gramme
die	Grammatik	-en die Grammatiken	Substantiv / Nomen Nominativ: die Genitiv: der Dativ: der Akkusativ: die	ሰዋስው	grammar
das	Grammatik*gedicht*	-e die Gedichte	Substantiv / Nomen Nominativ: das Genitiv: des Dativ: dem Akkusativ: das	ግጥሚ ሰዋሰው	grammar poem
	grau	Meine Oma hat graue Haare	Adjektiv	ሓመኽሽታይ	grey
die	Grippe	Sg.	Substantiv / Nomen Nominativ: die Genitiv: der Dativ: der Akkusativ: die	ሰዓል	flu
das	Grippe*mittel*	– die Mittel	Substantiv / Nomen Nominativ: das Genitiv: des Dativ: dem Akkusativ: das	ፈውሲ ሰዓል	flu medication
	groß	groß, größer, am größten	Adjektiv	ዓቢ	big
die	Größe	-n die Größen	Substantiv / Nomen Nominativ: die Genitiv: der Dativ: der Akkusativ: die	ስፍሓት/ዕብይተ	size
die	Groß*mutter*	"- die Mütter	Substantiv / Nomen Nominativ: die Genitiv: der Dativ: der	ዓባይ/እኖ-ሓነ	grandmother

			Akkusativ: die		
der	Groß*vater*	"- die Väter	Substantiv / Nomen Nominativ: der Genitiv: des Dativ: dem Akkusativ: den	ኣባሓጎ	grandfather
	Grüezi!	= *schweizerisch für* Guten Tag!	Interjektion	ሰላም ኣብ ሃላ (ኣብ ኣወትርያ)	Hello! (Swiss)
	grün	Das Gras *ist* so schön *grün*	Adjektiv	ቀጠልያ	green
die	Grupp*e*	-n die Gruppen	Substantiv / Nomen Nominativ: die Genitiv: der Dativ: der Akkusativ: die	ጉጅለ	group
der	Gruß	"-e die Grüße	Substantiv / Nomen Nominativ: der Genitiv: des Dativ: dem Akkusativ: den	ሰላም	greeting salutation
	Grüß Gott!	= *süddeutsch für* Guten Tag!	Verb + Substantiv / Nomen	ሰላም ኣብ ሃላ (ኣብ ክፍሊ ሃገር ጀርመን ባየር)	Good day! (Southern German)
	günstig	Wir *kaufen* bei Aldi *günstig* ein	Adjektiv	ሕሱር	here: reasonable (in price)
die	Gurk*e*	-n die Gurken	Substantiv / Nomen Nominativ: die Genitiv: der Dativ: der Akkusativ: die	ዓጁር	curumber
der	Gürtel	– die Gürtel	Substantiv / Nomen Nominativ: der Genitiv: des Dativ: dem Akkusativ: den	ቀልሬ	belt
	gut	gut, besser, am besten	Adjektiv	ጽቡቅ/ግርም	good
	Gute Nacht!		Adjektiv + Substantiv / Nomen	ደሓን ሕደር/ሕደሪ/ፉ/ራ	Good night!
	Guten Abend!		Adjektiv + Substantiv / Nomen	ደሓንዶ ኣማኺኻ/ኪ/ክም/ክን..	Good evening!
	Guten Appetit!	Wunschformel vor dem Essen	Adjektiv + Substantiv / Nomen	ጽቡቅ ሸወት/ሚዲ	Bon appetit!
	Guten Tag!		Gruß	ደሓንዶ ወዒልካ/ኪ/ክም/ክን	Good morning! / Good afternoon!
das	Haar	-e die Haare	Substantiv / Nomen Nominativ: das Genitiv: des Dativ: dem Akkusativ: das	ጸጉሪ	hair
1	*haben*	*Haben* Sie Glück?	Verb	ምሃላው/ምዋናን	to have
1	*haben*	Wir *haben* nur eine Mutter	Verb	ምህለወ/ምዋናን	to have
1	*haben*	Ich *habe* Grippe.	Verb	ምህላው	to have, (to have children)
	Haben wir alles?	*Hast* du alles *eingekauft*?	Interrogativ = eine Frage	ኩሉ ዶ ኣለና?	Do we have everything?

die	Hackfleisch*soße*	-n die Soßen	Substantiv / Nomen Nominativ: *die* Genitiv: *der* Dativ: *der* Akkusativ: *die*	ጸብሒ ጥሑን ስጋ	ground meat sauce
das	Hähn*chen*	– die Hähnchen	Substantiv / Nomen Nominativ: *das* Genitiv: *des* Dativ: *dem* Akkusativ: *das*	ስጋ-ደርሆ	chicken
	halb	Ich *esse* heute nur ein *halbes* Brötchen	Adjektiv	ፍርቂ	half It´s half past 11
die	Hälft*e*	-n die Hälften	Substantiv / Nomen Nominativ: *die* Genitiv: *der* Dativ: *der* Akkusativ: *die*	ፍርቂ	one half
die	Hall*e*	-n die Hallen	Substantiv / Nomen Nominativ: *die* Genitiv: *der* Dativ: *der* Akkusativ: *die*	ኣደራሽ	assembly hall
	Hallo	umgangssprachlich, informell	Substantiv / Nomen	ሃለው\ሳላም	Hello!
der	Hals	"-e die Hälse	Substantiv / Nomen Nominativ: *der* Genitiv: *des* Dativ: *dem* Akkusativ: *den*	ጎረሮ	neck
die	Hals*kette*	-n die Ketten	Substantiv / Nomen Nominativ: *die* Genitiv: *der* Dativ: *der* Akkusativ: *die*	ሰንሰለት ክሳድ/ካቴና	necklace
der	Hals-Nasen-Ohren-*Arzt*	"-e die Ärzte	Substantiv / Nomen Nominativ: *der* Genitiv: *des* Dativ: *dem* Akkusativ: *den*	እቲ ሓኪም ጎሮሮ/ኣፍንጫእዝኒ	ENT doctor
die	Hals-Nasen-Ohren-*Ärztin*	-nen die Ärzti*nnen*	Substantiv / Nomen Nominativ: *die* Genitiv: *der* Dativ: *der* Akkusativ: *die*	እታ ሓኪም ጎሮሮ/ኣፍንጫ-እዝኒ	ENT doctor
42	*halten*		Verb sichA	ጠጠውምቅም	to stop
die	Halte*stelle*	-n die Stellen	Substantiv / Nomen Nominativ: *die* Genitiv: *der* Dativ: *der* Akkusativ: *die*	ነቑጣ/መዕረፍ ኣውቶቡስ	stop
der	Ham*burger*	– die Burger	Substantiv / Nomen Nominativ: *der* Genitiv: *des* Dativ: *dem* Akkusativ: *den*	ሃምርገር	hamburger
die	Hand	"-e die Hände	Substantiv / Nomen Nominativ: *die* Genitiv: *der* Dativ: *der* Akkusativ: *die*	ኢድ	hand

der	Handel	Sg.	Substantiv / Nomen Nominativ: *der* Genitiv: *des* Dativ: *dem* Akkusativ: *den*	ንግዲ	trade
die	Handels*schule*	-n die Schulen	Substantiv / Nomen Nominativ: *die* Genitiv: *der* Dativ: *der* Akkusativ: *die*	ትምህርቲ ንግዲ	trade / business school
der	Hand*schuh*	-e die Schuhe	Substantiv / Nomen Nominativ: *der* Genitiv: *des* Dativ: *dem* Akkusativ: *den*	ጓንቲ	glove
das	Handy	-s die Handys	Substantiv / Nomen Nominativ: *das* Genitiv: *des* Dativ: *dem* Akkusativ: *das*	ማያይል	cell phone
die	Handy*nummer*	-n die Nummern	Substantiv / Nomen Nominativ: *die* Genitiv: *der* Dativ: *der* Akkusativ: *die*	ቁጽሪ ሞባይል	number of the cell phone
	hart	hart, härter, am härtesten	Adjektiv	ተሪር/ደረቕ/ሓያል	hard
	häufig	Die Mutter *geht häufig* zu dem (zum) Arzt	Adjektiv	ብብዝሒ	frequently
der	Hauptbahn*hof*	”-e die Höfe	Substantiv / Nomen Nominativ: *der* Genitiv: *des* Dativ: *dem* Akkusativ: *den*	ማእላይ መዕረፍ-ባቡር	main station
der	Haupt*satz*	”-e die Sätze	Substantiv / Nomen Nominativ: *der* Genitiv: *des* Dativ: *dem* Akkusativ: *den*	ቀንዲ ዓረፍተ-ነገር	main clause
die	Haupt*speise*	-n die Speisen	Substantiv / Nomen Nominativ: *die* Genitiv: *der* Dativ: *der* Akkusativ: *die*	ቀንዲ-መግቢ	main course
das	Haus	”-er die Häuser	Substantiv / Nomen Nominativ: *das* Genitiv: *des* Dativ: *dem* Akkusativ: *das*	ገዛ/ቤት	house
der	Haus*arzt*	”-e die Hausärzte	Substantiv / Nomen Nominativ: *der* Genitiv: *des* Dativ: *dem* Akkusativ: *den*	እቲ ሓኪም ገዛ	family doctor
die	Haus*ärztin*	-nen die Hausärztinen	Substantiv / Nomen Nominativ: *die* Genitiv: *der* Dativ: *der* Akkusativ: *die*	እቲ ሓኪም ገዛ	family doctor
die	Haus*aufgabe*	-n die Aufgaben	Substantiv / Nomen Nominativ: *die*	ዕዮ-ገዛ	homework

			Genitiv: *der* Dativ: *der* Akkusativ: *die*		
der	Haushalts*tag*	-e die Tage	Substantiv / Nomen Nominativ: *der* Genitiv: *des* Dativ: *dem* Akkusativ: *den*	መኣልቲ ስራሕ ገዛ	house-keeping day
der	Haus*meister*	– die Hausmeister	Substantiv / Nomen Nominativ: *der* Genitiv: *des* Dativ: *dem* Akkusativ: *den*	ተኸናኻኒ ገዛ (ዓብይቲ ኣባይቲ፤ ኣብነት ኣብያተ-ጽሕፈት)	caretaker
die	Haus*meisterin*	-nen die Hausmeister*nn*en	Substantiv / Nomen Nominativ: *die* Genitiv: *der* Dativ: *der* Akkusativ: *die*	ተኸናኻኒ ገዛ (ዓብይቲ ኣባይቲ፤ ኣብነት ኣብያተ-ጽሕፈት)	janitor
die	Haus*nummer*	-n die Nummern	Substantiv / Nomen Nominativ: *die* Genitiv: *der* Dativ: *der* Akkusativ: *die*	ቁጽሪ ገዛ	house number
der	Haut*arzt*	¨-e die Ärzte	Substantiv / Nomen Nominativ: *der* Genitiv: *des* Dativ: *dem* Akkusativ: *den*	እቲ ሓኪም ቈርበት	dermatologist
die	Haut*ärztin*	-nen die Ärzti*nn*en	Substantiv / Nomen Nominativ: *die* Genitiv: *der* Dativ: *der* Akkusativ: *die*	እታ ሓኪም ቈርበት	dermatologist
die	Hef*e*	Sg.	Substantiv / Nomen Nominativ: *die* Genitiv: *der* Dativ: *der* Akkusativ: *die*	መባኹዕቲ/ለቪቶ	yeast
das	Heft	-e die Hefte	Substantiv / Nomen Nominativ: *das* Genitiv: *des* Dativ: *dem* Akkusativ: *das*	ጥራዝ	booklet (to write in)
das	Heimat*land*	¨-er die Länder	Substantiv / Nomen Nominativ: *das* Genitiv: *des* Dativ: *dem* Akkusativ: *das*	ሃገረ-ትወልዲ	homecountry
	heiß	Der Tee *ist heiß*	Adjektiv	ወዓይ	hot
45	heißen	Ich *heiße* Frau Schachner. Und Sie?	Verb	ይብሃል (ኣብነት: ኣሱ ማቴ ይብሃል)	to be called
die	Heiz*ung*	-en die Heizungen	Substantiv / Nomen Nominativ: *die* Genitiv: *der* Dativ: *der* Akkusativ: *die*	መውዓዪ	heating
46	*helfen*	Der Gott hilft uns	Verb	ምሕጋዝ/ምዊዳእ/ምጽ	to help

				ጋፍ	
der	*helfen*	"-e die Sätze	Substantiv / Nomen Nominativ: *der* Genitiv: *des* Dativ: *dem* Akkusativ: *den*	ኣብነት ምኳእ-ሓሳባት	model sentence
das	Hemd	-en Hemden	Substantiv / Nomen Nominativ: *das* Genitiv: *des* Dativ: *dem* Akkusativ: *das*	ካምቻ/ጢቦቖ	shirt
48	her.kommen	Bitte *kommt* schnell *her*, ich *brauche* deine Hilfe.	Verb trennbar	ንዓ ነ ጀውና ብዚ ምኳእ	to come here
der	Herd	-e die Herde	Substantiv / Nomen Nominativ: *der* Genitiv: *des* Dativ: *dem* Akkusativ: *den*	እቶን	kitchen stove
das	Herings*brötchen*	– die Brötchen	Substantiv / Nomen Nominativ: *das* Genitiv: *des* Dativ: *dem* Akkusativ: *das*	ኣብ ባኒ ዝኣተወ ስጋ-ዓሳ/ሀሪንግ	herring roll
das	Herings*filet*	-s die Filets	Substantiv / Nomen Nominativ: *das* Genitiv: *des* Dativ: *dem* Akkusativ: *das*	ዓይነት ዓሳ/ሄሪንግ	filet of herring
der	Herr	-en die Herren	Substantiv / Nomen Nominativ: *der* Genitiv: *des* Dativ: *dem* Akkusativ: *den*	ኣቶ	man, Mister, Mr
der	Herren*anzug*	"-e die die Anzüge	Substantiv / Nomen Nominativ: *der* Genitiv: *des* Dativ: *dem* Akkusativ: *den*	ባኖ ናይ ሰብኡት	men´s suit
der	Herren*mantel*	"- die Mäntel	Substantiv / Nomen Nominativ: *der* Genitiv: *des* Dativ: *dem* Akkusativ: *den*	ካቦት ናይ ሰቤኡት	men´s coat
das	Herz quelle pons.de	-en die Herzen	Substantiv / Nomen Nominativ: *das* Genitiv: *des* Dativ: *dem* Akkusativ: *das*	ልቢ	heart
	heute	am diesem Tage	Adverb	ሎም	today
	hey	*hey*, wie gehts? besonders Jugendsprache	Interjektion	ሃይ	hey
	hier	*Hier* ist dein Handy	Adverb	ኣብዚ	here
die	Hilfe	-n die Hilfen	Substantiv / Nomen Nominativ: *die* Genitiv: *der* Dativ: *der*	ሓገዝ/ደገፍ/ጎድኤት ርድኡኒ!	help

die	Him*beere*	-n die Beeren	Substantiv / Nomen Nominativ: *die* Genitiv: *der* Dativ: *der* Akkusativ: *die*		raspberry
4	*hin.kriegen*	umgangssprachlich	Verb trennbar	ሓየ ነገር ምብጻሕ/ምሪካብ	colloquial for: to manage
	hinter	+ A./D.	Präposition	ድሕሪ/ብድሕሪ	behind
	hoch	hoch, höher, am höchsten	Adjektiv	ላዕሊ	high
82	*hoch.tragen*	Der Taxifahrer trägt den Koffer hoch (in den 3. Stock)	Verb trennbar	ምካም	to carry up
	hoffentlich	*Hoffentlich ist* morgen schönes Wetter	Adverb	ተስፋ ይገብር	hopefully
4	*holen*		Verb	ምምጻእ	to get / fetch
die	Home*page*	-s die Pages	Substantiv / Nomen Nominativ: *die* Genitiv: *der* Dativ: *der* Akkusativ: *die*	ዌብ ሳይት (ኣብ ኢንተርነት)	homepage
der	Honig	-e die Honige	Substantiv / Nomen Nominativ: *der* Genitiv: *des* Dativ: *dem* Akkusativ: *den*	መዓር	honey
4	*hören*	*Hören* Sie auch gerne Radio?	Verb	ምክማይ	to hear
der	Hör*test*	-s die Tests	Substantiv / Nomen Nominativ: *der* Genitiv: *des* Dativ: *dem* Akkusativ: *den*	ናይ ምክማይ ፈተና	hearing test
die	Hos*e*	-n die Hosen	Substantiv / Nomen Nominativ: *die* Genitiv: *der* Dativ: *der* Akkusativ: *die*	ስረ	pants, trousers
der	Hund Quelle Micky Darmstadt	-e die Hunde	Substantiv / Nomen Nominativ: *der* Genitiv: *des* Dativ: *dem* Akkusativ: *den*	ከልቢ	dog
der	Hunger	Sg.	Substantiv / Nomen Nominativ: *der* Genitiv: *des* Dativ: *dem* Akkusativ: *den*	ጥምቀት	hunger
der	Husten	Sg.	Substantiv / Nomen Nominativ: *der* Genitiv: *des* Dativ: *dem* Akkusativ: *den*	ሰዓል	cough
der	Husten*saft*	"-e die Säfte	Substantiv / Nomen Nominativ: *der* Genitiv: *des* Dativ: *dem*	ሽሮብ ማካላኸሊ ሰዓል	cough syrup

			Akkusativ: *den*		
der	ich - *Laut* -e die Laute		Substantiv / Nomen Nominativ: *der* Genitiv: *des* Dativ: *dem* Akkusativ: *den*	ich - ዝድመጹ	ich-sound
	Ich *arbeite* bei McDonald…	Wo *arbeitest* du?	Aussagesatz	ኣብ ….. እየ ዝሰርሕ	I work at …
	ideal	Das Wetter *ist ideal*	Adjektiv	ዚስማዕ፣ ምቹእ	ideal
die	Idee die Ideen		Substantiv / Nomen Nominativ: *die* Genitiv: *der* Dativ: *der* Akkusativ: *die*	ሓሳብ	idea
	Igitt!	*Igitt*, eine Spinne!	Interjektion	እፍ!	Yikes!
die	ihr-*Form* -en die Formen		Substantiv / Nomen Nominativ: *die* Genitiv: *der* Dativ: *der* Akkusativ: *die*	ናይ እትፈልጦም/ብዙሓት - እስኻትኩም/ክን	second plural address
	im	= in dem + D.	Präposition + Artikel	ኣብ (ወሽጢ)	in, in the
	im All*tag*	1. tägliches Einerlei, gleichförmiger Ablauf	Präposition + Artikel+Nomen	ኣብ ዕለታዊ/መዓልታዊ	in every-day life
der	Imbiss -e die Imbisse die Imbissbuden		Substantiv / Nomen Nominativ: *der* Genitiv: *des* Dativ: *dem* Akkusativ: *den*	ንእሽቶ ቤት ብልዒ	snack stand
die	Imbiss*bude* -n die Buden		Substantiv / Nomen Nominativ: *die* Genitiv: *der* Dativ: *der* Akkusativ: *die*	ናእሽቱ መግቢ ዝሸዩ ቦታ	snack stand
	immer	Er *denkt* immer an sie	Adverb	ኩሉ ጊዜ/ወትሩ	always
der	Imperativ -e die Imperative *meist* Sg.		Substantiv / Nomen Nominativ: *der* Genitiv: *des* Dativ: *dem* Akkusativ: *den*	ኣዛዚ	imperative
der	Imperativ*satz* "-e die Sätze		Substantiv / Nomen Nominativ: *der* Genitiv: *des* Dativ: *dem* Akkusativ: *den*	ናይ ትእዛዝ ምሉእ ሓሳብ (ካብቲ ገዛ ወጻእ!)	imperative phrase
	in	+ A./D.	Präposition	ኣብ ወሽጢ	in
die	Industriekauf*frau*	die Industriekauf*leute*	Substantiv / Nomen Nominativ: *die* Genitiv: *der* Dativ: *der* Akkusativ: *die*	እታ ማናጀር ኢንዱስትሪ	industrial clerk
der	Industriekauf*mann*	die Industriekauf*leute*	Substantiv / Nomen Nominativ: *der*	እቲ ማኔጀር ኢንዳስትሪ	industrial clerk

			Genitiv: des Dativ: dem Akkusativ: den		
der	Infinitiv	-e die Infinitive	Substantiv / Nomen Nominativ: der Genitiv: des Dativ: dem Akkusativ: den	ማእረት ቃል	infinitive
der	Informatiker	– die Informatiker	Substantiv / Nomen Nominativ: der Genitiv: des Dativ: dem Akkusativ: den	ምሁር ኮምፕዩተር ሳይንስ	computer scientist
die	Informatikerin	-nen die Informatikerinnen	Substantiv / Nomen Nominativ: die Genitiv: der Dativ: der Akkusativ: die	ምህርቲ ኮምፕዩትር ሳይንስ	computer scientist
die	Information	-en die Informationen	Substantiv / Nomen Nominativ: die Genitiv: der Dativ: der Akkusativ: die	ሓበሬታ	information
das	Informationsplakat	-e die Plakate	Substantiv / Nomen Nominativ: das Genitiv: des Dativ: dem Akkusativ: das	ዓቢ ወረቐት ሓበሬታ	information poster
	informell	Timmit aus Eritrea stellt sich informell vor (du)	Adjektiv	ዘይዕላዊ	informal
der	Ingenieur	-e die Ingenieure	Substantiv / Nomen Nominativ: der Genitiv: des Dativ: dem Akkusativ: den	መንደስ/ኢንጂነሪ	engineer
die	Ingenieurin	-nen die Ingenieurinnen	Substantiv / Nomen Nominativ: die Genitiv: der Dativ: der Akkusativ: die	መሃንድስ/ኢንጂነሪ	engineer
	inklusive	Abkürzung inkl.	Adverb	እቱወ/ጽብጹብ	inclusive (abbr. incl)
die	Innenstadt	"-e die Städte	Substantiv / Nomen Nominativ: die Genitiv: der Dativ: der Akkusativ: die	ማእከል ከተማ	city center
	ins	= in das + A.	Präposition	ናብ/ን … ኣብ ት ንገዛ	in the
	interessant	Das Buch ist interessant	Adjektiv	ኣገዳሲ	interesting
18 ge	interessieren	Juan interessiert sich für den Fußball.	Verb sichA	ምግዳስ	to interest
	international	Frankfurter Flughafen ist international	Adjektiv	ኣህጉራዊ/ዓለም ለኻዊ	international
das	Internet	Sg.	Substantiv / Nomen Nominativ: das Genitiv: des	ኢንተርነት	internet

			Dativ: dem Akkusativ: das		
das	Internet*café*	-s die Cafes	Substantiv / Nomen Nominativ: das Genitiv: des Dativ: dem Akkusativ: das	ኢንተርነት ካፈ	Internetcafé
der	Internist	-en die Internisten	Substantiv / Nomen Nominativ: der Genitiv: des Dativ: dem Akkusativ: den	እታ ሓኪምናይ ወሽጢ ኣካላት	internist
die	Internistin	-nen die Internisti*nn*en	Substantiv / Nomen Nominativ: die Genitiv: der Dativ: der Akkusativ: die	እቲ ሓኪም ናይ ውሽጢ ኣካላት	internist
das	Interview	-s die Interviews	Substantiv / Nomen Nominativ: das Genitiv: des Dativ: dem Akkusativ: das	ቃለ-መጣይቅ/ኢንተርቪው	interview
der	ISDN- Anschluss	"-e die Anschlüsse	Substantiv / Nomen Nominativ: der Genitiv: des Dativ: dem Akkusativ: den	ቅልጡፍ ማለሚ ተለፎን/ኢ.ኤስ.ዲ.ኤን	ISDN connection
	ja	*Ja*, ich *spreche* Deutsch	Adverb	እወ	yes
die	Ja/Nein-*Frage*	-n	Substantiv / Nomen Nominativ: die Genitiv: der Dativ: der Akkusativ: die	እወ/ኣይፋል ሕቶታት	yes/no question
die	Jack*e*	-n die Jacken	Substantiv / Nomen Nominativ: die Genitiv: der Dativ: der Akkusativ: die	ጃከ	jacket, coat
die	Jahres*zeit*	-en die Zeiten	Substantiv / Nomen Nominativ: die Genitiv: der Dativ: der Akkusativ: die	ክፍላተ-ዓመት	season
	je	Die Bluse und die Hose *kosten je* 10 €. (Bluse *kostet* 10€ und die Hose *kostet* 10€)	Adverb / Präposition / Konjunktion / Interjektion	ነ ፍሲ-ወከፍ	each, per
die	Jeans	– die Jeans auch: Jeans *Pl.*	Substantiv / Nomen Nominativ: die Genitiv: der Dativ: der Akkusativ: die	ጂንስ	jeans
	jed-	*Jeden* Tag	Pronomen	ነ ፍሲ…	every (Every morning I get up at five.)
	jetzt	*Jetzt habe* ich keine Zeit	Adverb	ሕጂ	now
der	Job	-s die Jobs	Substantiv / Nomen Nominativ: der	ስራሕ	job

			Genitiv: des Dativ: dem Akkusativ: den		
der	Joghurt	-s die Joghurts	Substantiv / Nomen Nominativ: der Genitiv: des Dativ: dem Akkusativ: den	ኣጆቦ	yoghurt
der	Juli	-s die Julis	Substantiv / Nomen Nominativ: der Genitiv: des Dativ: dem Akkusativ: den	ሓምለ	July
	jung	jung, jünger, am jüngsten	Adjektiv	ንእሽቶ/	young
der	Junge	-n die Jungen die Jungs	Substantiv / Nomen Nominativ: der Genitiv: des Dativ: dem Akkusativ: den	ወዲ	boy
der	Kaffee	Sg. die Kaffees aber 3 (Tassen) Kaffee	Substantiv / Nomen Nominativ: der Genitiv: des Dativ: dem Akkusativ: den	ቡን	coffee
die	Kaffeemaschine	-n die Maschinen	Substantiv / Nomen Nominativ: die Genitiv: der Dativ: der Akkusativ: die	መፍልሒት ቡን ማኪና	coffee machine
	kalt	kalt, kälter, am kältesten	Adjektiv	ዝሓል	cold
das	Kännchen	– die Kännchen	Substantiv / Nomen Nominativ: das Genitiv: des Dativ: dem Akkusativ: das	ማንቲለ ? ? ?	small can / pot (for coffee or tea)
die	Kantine	-n die Kantinen	Substantiv / Nomen Nominativ: die Genitiv: der Dativ: der Akkusativ: die	ቤት መግቢ	cafeteria
das	Kapitel	- die Kapitel	Substantiv / Nomen Nominativ: das Genitiv: des Dativ: dem Akkusativ: das	ምዕራፍ	chapter
	kaputt	Die Blumenvase ist kaputt	Adjektiv	ሰባር/ብልሹው	broken, not working
die	Karies	Sg.	Substantiv / Nomen Nominativ: die Genitiv: der Dativ: der Akkusativ: die	ካርየስ	tooth decay
die	Karte	-n die Karten	Substantiv / Nomen Nominativ: die Genitiv: der Dativ: der Akkusativ: die	ካርታ	map
die	Kartoffel	-n die Kartoffeln	Substantiv / Nomen Nominativ: die Genitiv: der	ድንሽ	potato

			Dativ: der Akkusativ: die		
der	Kartoffel-Zucchini-Auf*lauf*	"-e die Aufläufe	Substantiv / Nomen Nominativ: der Genitiv: des Dativ: dem Akkusativ: den	ኣብ እቶን ዝበሰለ ሕዉስዋስ ድንሽ-ዝኩኒ	potato zucchini casserole
der	Karton	-s die Kartons	Substantiv / Nomen Nominativ: der Genitiv: des Dativ: dem Akkusativ: den	ካርቶን (ንመጠቓለሊ)	cardboard box
der	Käs*e*	– die Käse	Substantiv / Nomen Nominativ: der Genitiv: des Dativ: dem Akkusativ: den	ፎርማጆ	cheese
der	*Käse*	– die Käse	Substantiv / Nomen Nominativ: der Genitiv: des Dativ: dem Akkusativ: den	ጋዉዳ - ዓይነት ፎርማጆ	Gouda cheese
die	Kass*e*	-n die Kassen	Substantiv / Nomen Nominativ: die Genitiv: der Dativ: der Akkusativ: die	ካሳ/ሳጹን	cash register
das	Kasseler *Rippchen*	– die Rippchen	Substantiv / Nomen Nominativ: das Genitiv: des Dativ: dem Akkusativ: das	ብ ካስለር ዝፍለጥ ስጋ መሕንገለ	salted pock ribs
die	Kassett*e*	-n die Kassetten	Substantiv / Nomen Nominativ: die Genitiv: der Dativ: der Akkusativ: die	ካሴት	cassette
der	Kassetten*recorder*	– die Recorder	Substantiv / Nomen Nominativ: der Genitiv: des Dativ: dem Akkusativ: den	ቀዳሐ/መላኢ ካሴት (ነ ታ ኣቐሓ)	cassette recoder
der	Kassierer	– die Kassierer	Substantiv / Nomen Nominativ: der Genitiv: des Dativ: dem Akkusativ: den	ተሓዝ ገንዘብ	cashier
die	Kassiererin	-nen die Kassiereri*nn*en	Substantiv / Nomen Nominativ: die Genitiv: der Dativ: der Akkusativ: die	ተሓዝ ገንዘብ	cashier
der	Kasten	"-en die Kästen	Substantiv / Nomen Nominativ: der Genitiv: des Dativ: dem Akkusativ: den	ሳንዱቕ	box

der	Kasus (N Nominativ, G Genitiv, D Dativ, A Akkusativ, V Vokativ, A Ablativ)	die Kasus	Substantiv / Nomen Nominativ: *der* Genitiv: *des* Dativ: *dem* Akkusativ: *den*	ምኽንያታዊ	case (grammar)
	katholisch	Der Papst *ist katholisch*	Adjektiv	ካቶሊኻዊ	Catholic
4	kaufen	Ich *kaufe* ein neues Auto	*Verb*	ምግዛእ	to buy
die	Käuferin	- nen die Käuferi*nn*en	Substantiv / Nomen Nominativ: *die* Genitiv: *der* Dativ: *der* Akkusativ: *die*	ገዛኢት/ዓዳጊት	buyer
das	Kauf*haus*	"-er die Häuser	Substantiv / Nomen Nominativ: *das* Genitiv: *des* Dativ: *dem* Akkusativ: *das*	ድኳን	department store
	kaufmännisch	Der Händler rechnet *kaufmänisch*	Adjektiv	ነጋዳይ/ሸቃጣይ	business ... (related)
der	kaufmännische *Angestellte*	-n Angestellten	Substantiv / Nomen Nominativ: *der* Genitiv: *des* Dativ: *dem* Akkusativ: *den*	ሸቃጣይ	(office) clerk
die	kaufmännische *Angestellte*	-n die Angestellten	Substantiv / Nomen Nominativ: *die* Genitiv: *der* Dativ: *der* Akkusativ: *die*	ሸቃጣይ	(office) clerk
die	Kaut*ion*	-en die Kautionen	Substantiv / Nomen Nominativ: *die* Genitiv: *der* Dativ: *der* Akkusativ: *die*	ትሕጃ	deposit (payment)
der	Keller	– die Keller	Substantiv / Nomen Nominativ: *der* Genitiv: *des* Dativ: *dem* Akkusativ: *den*	ትሕቲ ገዛ ዝርከብ ክፍሊ	cellar, basement
der	Kellner	- die Kellner	Substantiv / Nomen Nominativ: *der* Genitiv: *des* Dativ: *dem*	ኣሳላፊ	waiter

die	Kellnerin	-nen die Kellnerinnen	Akkusativ: *den* Substantiv / Nomen Nominativ: *die* Genitiv: *der* Dativ: *der* Akkusativ: *die*	አሰላፊት	waitress
47	*kennen*	*Kennst* du deine Nachbarin?	*Verb*	ምፍላጥ	to know
das	Kilo	– s die Kilos = das Kilogramm, die Kilogramme *Abkürzung* kg	Substantiv / Nomen Nominativ: *das* Genitiv: *des* Dativ: *dem* Akkusativ: *das*	ኪሎ	kilo
das	Kind	-er die Kinder	Substantiv / Nomen Nominativ: *das* Genitiv: *des* Dativ: *dem* Akkusativ: *das*	ቄልዓ	child
die	Kinder*abteil*ung	-en die Abteilungen	Substantiv / Nomen Nominativ: *die* Genitiv: *der* Dativ: *der* Akkusativ: *die*	እንዳ ቄልዑ	children´s department
die	Kinder*gruppe*	-n die Gruppen	Substantiv / Nomen Nominativ: *die* Genitiv: *der* Dativ: *der* Akkusativ: *die*	ጉጅለ ቀልዑ	group of children
die	Kinder*kleid*ung	Sg.	Substantiv / Nomen Nominativ: *die* Genitiv: *der* Dativ: *der* Akkusativ: *die*	ክዳን ቄልዑ	children´s clothing
der	Kinder*wagen*	– die Wagen	Substantiv / Nomen Nominativ: *der* Genitiv: *des* Dativ: *dem* Akkusativ: *den*	ዓረብያ ቄልዑ	baby carriage, pram
das	Kinder*zimmer*	– die Zimmer	Substantiv / Nomen Nominativ: *das* Genitiv: *des* Dativ: *dem* Akkusativ: *das*	ክፍሊ ቄልዑ	children´s room
das	Kino	-s die Kinos	Substantiv / Nomen Nominativ: *das* Genitiv: *des* Dativ: *dem* Akkusativ: *das*	ሲነ ማ	movie theater, cinema
der	Kiosk	-e die Kioske	Substantiv / Nomen Nominativ: *der* Genitiv: *des* Dativ: *dem* Akkusativ: *den*	ንእሽቶ ድኳን/ከሾኽ	kiosk
die	Kirche	-n die Kirchen	Substantiv / Nomen Nominativ: *die* Genitiv: *der* Dativ: *der* Akkusativ: *die*	ቤተ-ክርስቲያን	church
die	Kiwi	-s	Substantiv / Nomen	ኪዊ (ዓይነት ፍሩታ)	kiwi

		die Kiwis	Nominativ: die Genitiv: der Dativ: der Akkusativ: die		
4	klappen		Verb	ምቾናዕ/ምክላጥ	to work out, succeed
	klar	Das Wasser *ist* klar - klares Wasser - die Luft ist klar - ein klares Foul - eine klare Stimme - ein klarer Verstand - das Flugzeug ist klar zum Start	Adjektiv	ንጹር	certainly
4	klären		Verb sichA	ምግላጽ/ምብራህ	to make sure one understands
das	Kleid	-er die Kleider	Substantiv / Nomen Nominativ: das Genitiv: des Dativ: dem Akkusativ: das	ክዳን/ቀሚሽ	dress
die	Kleider*kiste*	-n die Kisten	Substantiv / Nomen Nominativ: die Genitiv: der Dativ: der Akkusativ: die	ሳንዱቕ/ባልጃ	clothing box
die	Kleid*ung*	Sg.	Substantiv / Nomen Nominativ: die Genitiv: der Dativ: der Akkusativ: die	ክዳን	clothes, clothing
das	Kleidungs*stück*	-e die Stücke	Substantiv / Nomen Nominativ: das Genitiv: des Dativ: dem Akkusativ: das	ክዳን	pieces of clothing
4	klingeln	*Machst* du die Tür *auf*?	Verb trennbar	ምኽፋት	to open
4, 15	klingeln	Das Telefon *klingelt*.	Verb	ምቕጫል/ቺዝ-በለ	to ring
die	Kneip*e*	-n die Kneipen	Substantiv / Nomen Nominativ: die Genitiv: der Dativ: der Akkusativ: die	ቤት መስተ/ባር	tavern
das	Kni*e*	– die Knie	Substantiv / Nomen Nominativ: das Genitiv: des Dativ: dem Akkusativ: das	ብርኪ	knee
der	Knoblauch	Sg.	Substantiv / Nomen Nominativ: der Genitiv: des Dativ: dem Akkusativ: den	ጸዕዳ ሽጉርቲ	garlic
4	kochen	Die Mutter *kocht* das Essen	Verb	ምቕሻን	to cook
die	Kochnisch*e*	-n die Nischen	Substantiv / Nomen Nominativ: die Genitiv: der Dativ: der	መኽሸኒ	kitchenette

			Akkusativ: die		
das	Koch*rezept*	-e die Rezepte	Substantiv / Nomen Nominativ: das Genitiv: des Dativ: dem Akkusativ: das	መኽሸኒ ጽሓፍ/መጽሓፍ	cooking recipe
der	Koch*topf*	"-e die Töpfe	Substantiv / Nomen Nominativ: der Genitiv: des Dativ: dem Akkusativ: den	መብሰሊ ድስቲ	cooking pot
der	Kolleg*e*	-n die Kollegen	Substantiv / Nomen Nominativ: der Genitiv: des Dativ: dem Akkusativ: den	ብጻይ/መርሓቲ	colleague
die	Kollegin	-nen die Kolleg*inn*en	Substantiv / Nomen Nominativ: die Genitiv: der Dativ: der Akkusativ: die	ብጻይቲ/መሳርሕቲ	
48	*kommen*	*Woher* kommen *Sie?*	Verb sein	ምምጻእ	to come (Where do you come from?)
48	*kommen*		Verb sein	ምምጻእ	to come, here: to start (In 1971, I started school.)
	komplett	*Sind* die Dokumente komplett*?*	Adjektiv	ምሉእ/ፍጹም	complete
	kompliziert	*Die Übung ist* kompliziert	Adjektiv	ዝተሓላለኸ/ድንግርግር ዘብል	complicated
das	Komposit*um*	die Komposita	Substantiv / Nomen Nominativ: das Genitiv: des Dativ: dem Akkusativ: das	ደርብ ቃል	compound
die	Konjugat*ion*	-en die Konjugationen	Substantiv / Nomen Nominativ: die Genitiv: der Dativ: der Akkusativ: die	ረባሕታ	conjugation
4	*konjugieren*	*Wir* konjugieren *die Verben*	Verb	ምርባሕ/ምብዛሕ	to conjugate
die	Konjunkt*ion*	-en die Konjunktionen	Substantiv / Nomen Nominativ: die Genitiv: der Dativ: der Akkusativ: die	መጠመሪ/መራኸቢ	conjunction
der	Konjunktiv	-e die Konjuktive	Substantiv / Nomen Nominativ: der Genitiv: des Dativ: dem Akkusativ: den	ማእተጻምር/መሩኸቢ	subjunctive
49	*können*	*Ich* kann *nicht kochen*	Verb Modalverb	ምኽኣል	can
49	*können*	*er kann, können/gekonnt*	Verb Modalverb	ምኽኣል	can, be able to
der	Konsonant	-en die Konsonanten	Substantiv / Nomen Nominativ: der Genitiv: des Dativ: dem	ኣናባቢ/ዕፉን ድምጺ	consonant

der	Kontakt	-e die Kontakte	Substantiv / Nomen Nominativ: *der* Genitiv: *des* Dativ: *dem* Akkusativ: *den*	ርክብ	contact
das	Kont*o*	die Konten	Substantiv / Nomen Nominativ: *das* Genitiv: *des* Dativ: *dem* Akkusativ: *das*	ቀጽሪ ሕሳብ (ኣብ ባንክ)	account
4 ge	*kontrollieren*	Die Lehrerin *kontrolliert* jeden Tag die Hausaufgaben	Verb sichA	ምቁጽጻር	to control
das	Konzert	-e die Konzerte	Substantiv / Nomen Nominativ: *das* Genitiv: *des* Dativ: *dem* Akkusativ: *das*	ኮንሰርት	concert
der	Kopf	"-e die Köpfe	Substantiv / Nomen Nominativ: *der* Genitiv: *des* Dativ: *dem* Akkusativ: *den*	ርእሲ	head
der	Kopf*schmerz*	-en die Schmerzen meist *Pl.*	Substantiv / Nomen Nominativ: *der* Genitiv: *des* Dativ: *dem* Akkusativ: *den*	ቃንዛ ርእሲ	headache
das	Kopf*tuch*	"-er die Tücher	Substantiv / Nomen Nominativ: *das* Genitiv: *des* Dativ: *dem* Akkusativ: *das*	መሸፈኒ ርእሲ	scarf
der	Körper	– die Körper	Substantiv / Nomen Nominativ: *der* Genitiv: *des* Dativ: *dem* Akkusativ: *den*	ኣካላት/ሰውነት	body
der	Körper*teil*	-e die Teile	Substantiv / Nomen Nominativ: *der* Genitiv: *des* Dativ: *dem* Akkusativ: *den*	ክፋላት ኣካላት/ሰውነት	part of te body
18 ge	*korrigieren*	Die Lehrerin *korrigiert* die Diktate	Verb sichA	ምእራምምጽራይ	to connect
4	kosten	Was *kostet* der Kaffee?	Verb	ዋጋ	to cost
der	Kraftfahrzeug-*mechaniker*	– die Mechaniker	Substantiv / Nomen Nominativ: *der* Genitiv: *des* Dativ: *dem* Akkusativ: *den*	ኣቲ መካኒክ	car mechanic
die	Kraftfahrzeug-*mechanikerin*	-nen die Mechaniker*innen*	Substantiv / Nomen Nominativ: *die* Genitiv: *der*	ኣቲ መካኒክ	car mechanic

			Dativ: der Akkusativ: die		
	krank	krank, kränker, am kränksten	Adjektiv	ሕሙም	sick, ill
das	Kranken*haus*	¨-er die Häuser	Substantiv / Nomen Nominativ: das Genitiv: des Dativ: dem Akkusativ: das	ቤተ=ሕክምና	hospital
der	Kranken*wagen*	– die Wagen	Substantiv / Nomen Nominativ: der Genitiv: des Dativ: dem Akkusativ: den	ማኪና ሕሙማት	ambulance
die	Krank*heit*	-en die Krankheiten	Substantiv / Nomen Nominativ: die Genitiv: der Dativ: der Akkusativ: die	ሕማም	illness, sickness
die	Krankmeld*ung*	-en die Meldungen	Substantiv / Nomen Nominativ: die Genitiv: der Dativ: der Akkusativ: die	ክም ዘሓመምካ ምሕባር/ምንጋር	sick call, notification of sickness
24	*krankschreiben*		*Verb*	ክም ዘሓመጣካ ምጽሓፍ	to give s.o. asick note
die	Krawatt*e*	-n die Krawatten	Substantiv / Nomen Nominativ: die Genitiv: der Dativ: der Akkusativ: die	ክራባታ	tie
	kreativ	Unsere Lehrerin *ist* sehr *kreativ*	Adjektiv	ተባላሓሪ.ጥዪ	creative
die	Kreativit*ät*	Sg.	Substantiv / Nomen Nominativ: die Genitiv: der Dativ: der Akkusativ: die	ምብልሓት/ምህዞ	creativity
die	Kreuz*ung*	-en die Kreuzungen	Substantiv / Nomen Nominativ: die Genitiv: der Dativ: der Akkusativ: die	መስቀል	crossing, intersection
die	Küch*e*	-n die Küchen	Substantiv / Nomen Nominativ: die Genitiv: der Dativ: der Akkusativ: die	ክሽነ	kitchen
der	Kuchen	– die Kuchen	Substantiv / Nomen Nominativ: der Genitiv: des Dativ: dem Akkusativ: den	ኬክ/ሽኮራዊ ሕብስቲ	cake
der	Kühl*schrank*	¨-e die Schränke	Substantiv / Nomen Nominativ: der Genitiv: des Dativ: dem Akkusativ: den	መዝሓሊት /ፍሪጅ	refrigerator
der	Kuli	-s die Kulis	Substantiv / Nomen Nominativ: der	ቢሮ	biro, ball point pen

		Abkürzung für der Kugelschreiber die Kugelschreiber	Genitiv: des Dativ: dem Akkusativ: den		
die	Kultur	-en die Kulturen	Substantiv / Nomen Nominativ: die Genitiv: der Dativ: der Akkusativ: die	ባህሊ	culture
der	Kunde	-n die Kunden	Substantiv / Nomen Nominativ: der Genitiv: des Dativ: dem Akkusativ: den	እቲ ዓሚል	customer, client
4	*kündigen*		Verb	ምኽንባት	to give notice
die	Kundin	-nen die Kundi*nn*en	Substantiv / Nomen Nominativ: die Genitiv: der Dativ: der Akkusativ: die	እታ ዓሚል	customer, client
das	kunsthistorische *Museum*	berühmtes Museum in Wien	Substantiv / Nomen Nominativ: das Genitiv: des Dativ: dem Akkusativ: das	ታሪኻዊ ቤተ- መዛክር	art-history museum (a famous museum in Vienna9
der	Künstler	– die Künstler	Substantiv / Nomen Nominativ: der Genitiv: des Dativ: dem Akkusativ: den	ኣርቲስት/ተላሃያቲ	artist
die	Künstlerin	-nen die Künstleri*nn*en	Substantiv / Nomen Nominativ: die Genitiv: der Dativ: der Akkusativ: die	ኣርቲስት/ተላሃይቲ	artist
der	Kurs	-e die Kurse	Substantiv / Nomen Nominativ: der Genitiv: des Dativ: dem Akkusativ: den	ስልጠና/ኮርስ/ትምህርቲ	course
der	Kurs*leiter*	- die Leiter	Substantiv / Nomen Nominativ: der Genitiv: des Dativ: dem Akkusativ: den	ሓላፊ ኮርስ/ትምህርቲ	course instructor
die	Kurs*leiterin*	-nen die Leiteri*nn*en	Substantiv / Nomen Nominativ: die Genitiv: der Dativ: der Akkusativ: die	ሓላፊት ኮርስ/ትምህርቲ	course instructor
die	Kurs*liste*	-n die Listen	Substantiv / Nomen Nominativ: die Genitiv: der Dativ: der Akkusativ: die	ዝርዝር ትምህርቲ/ኮርስ	roster, list of participants
der	Kurs*raum*	"-e die Räume	Substantiv / Nomen Nominativ: der Genitiv: des Dativ: dem Akkusativ: den	ቦታ ትምህርቲ/ኮርስ	classroom
	kurz	kurz, kürzer, am kürzesten	Adjektiv	ሓጺር	short

der	Kuss	"-e die Küsse	Substantiv / Nomen Nominativ: der Genitiv: des Dativ: dem Akkusativ: den	ስዕማኽዓም	kiss
das	Lachsbrötchen	– die Brötchen	Substantiv / Nomen Nominativ: das Genitiv: des Dativ: dem Akkusativ: das	ላክስ ዝኣተዎ ባኒ	salmon roll
der	Laden	"- die Läden	Substantiv / Nomen Nominativ: der Genitiv: des Dativ: dem Akkusativ: den	ድኳን	the shop, store
das	Lager	– die Lager	Substantiv / Nomen Nominativ: das Genitiv: des Dativ: dem Akkusativ: das	መኽዘን	stock room
die	Lammkeule	-n die Keulen	Substantiv / Nomen Nominativ: die Genitiv: der Dativ: der Akkusativ: die	ሰለፍ በጊዕ	leg of lamb
die	Lampe	-n die Lampen	Substantiv / Nomen Nominativ: die Genitiv: der Dativ: der Akkusativ: die	መብራህቲ	lamp
das	Land	"-er die Länder	Substantiv / Nomen Nominativ: das Genitiv: des Dativ: dem Akkusativ: das	ሃገር	country
der	Ländername	-n die Namen	Substantiv / Nomen Nominativ: der Genitiv: des Dativ: dem Akkusativ: den	ስማቱ ሃገራት	name of the country
	lang(e)	länger, am längsten	Adjektiv	ነዊሕ	long
	langsam	Der alte Mann ist langsam	Adjektiv	ዝሕቱል/ቀስ ምባል	slow
	langweilig	Das Buch ist langweilig	Adjektiv	ኣሰልቻዊ	boring
der, die, das	Laptop	-s die Laptops Grammatik: Dieses Wort oder diese Verbindung ist rechtschreiblich schwierig Synonyme: Computer, Mobilcomputer, Notebook, PC, Personal Computer; (EDV) Rechner	Substantiv / Nomen Nominativ: der Genitiv: des Dativ: dem Akkusativ: den	ለፕቶፕ/	laptop
die	Lasagne	-n die Lasagnen	Substantiv / Nomen Nominativ: die Genitiv: der Dativ: der	ላዛኛ	Italian layered pasta dish

	laut	Die Kinder *sind* sehr *laut*	Akkusativ: *die* Adjektiv	ዓዉያዳሚ	loud
der	Laut	-e die Laute	Substantiv / Nomen Nominativ: *der* Genitiv: *des* Dativ: *dem* Akkusativ: *den*	ዓወታ/ልዕሊ ድምጺ	sound
die	Lava*lampe*	-n die Lampen	Substantiv / Nomen Nominativ: *die* Genitiv: *der* Dativ: *der* Akkusativ: *die*	ላቫ ሙብራህቲ (መጸውዒ ናይ ሓደ ሙብራህቲ)	lava lamp
4	leben	Ich *lebe* in Deutschland	Verb	ምንባር	to live
der	Lebens*lauf*	¨-e die Läufe	Substantiv / Nomen Nominativ: *der* Genitiv: *des* Dativ: *dem* Akkusativ: *den*	ታሪኽ ሂወት	curriculum vitae, CV
das	Lebens*mittel*	– die Mittel	Substantiv / Nomen Nominativ: *das* Genitiv: *des* Dativ: *dem* Akkusativ: *das*	መግቢታት	food stuffs
das	Lebensmittel-*geschäft*	-e die Geschäfte	Substantiv / Nomen Nominativ: *das* Genitiv: *des* Dativ: *dem* Akkusativ: *das*	ዱኳን መግቢታት	grocery shop
die	Leber*wurst*	¨-e die Würste	Substantiv / Nomen Nominativ: *die* Genitiv: *der* Dativ: *der* Akkusativ: *die*	ብጥሑን ስጋ ጸላም ከብዲ ስተሰርሐ	liver sausage
4	legen		Verb sichA	ምቐማጥ	to lay
das	Lehr*buch*	¨-er die Bücher	Substantiv / Nomen Nominativ: *das* Genitiv: *des* Dativ: *dem* Akkusativ: *das*	መማሪ መጽሓፍ	textbook
der	Lehrer	- die Lehrer	Substantiv / Nomen Nominativ: *der* Genitiv: *des* Dativ: *dem* Akkusativ: *den*	እቲ መማህር	teacher, instructor
die	Lehrer*in*	-nen die Lehrer*innen*	Substantiv / Nomen Nominativ: *die* Genitiv: *der* Dativ: *der* Akkusativ: *die*	እታ መምህር	teacher, instructor
der	Lehr*gang*	¨-e die Gänge	Substantiv / Nomen Nominativ: *der* Genitiv: *des* Dativ: *dem* Akkusativ: *den*	ትምህርቲ	training
	leider	Ich *kann leider* nicht	Adverb		unfortunately

		helfen			
54	leihen		Verb sichA etw.	ምኻቃሕ	to rent (from s.o.)
die	Leipziger Allerlei	Bedeutungen: buntes Gemisch, kunterbuntes Durcheinander; Mischung, Kunterbunt	Substantiv / Nomen Nominativ: die Genitiv: der Dativ: der Akkusativ: die	ጸዕዳ ዝጥበስ ስጋ	Leipzig all sorts of
die	Leiter	-n die Leitern	Substantiv / Nomen Nominativ: die Genitiv: der Dativ: der Akkusativ: die	መሪሒ	ladder
4	lernen	Lernen Sie alle Artikel	Verb	ምምሃር	to learn, to study
das	Lernplakat	-e die Plakate	Substantiv / Nomen Nominativ: das Genitiv: des Dativ: dem Akkusativ: das	ንምምሃር ዘገልግል ዝልጠፍ ጽሑፍ	study poster
der	Lernplan	"-e die Pläne	Substantiv / Nomen Nominativ: der Genitiv: des Dativ: dem Akkusativ: den	ሟዋብ ትምሃርቲ	study plan
das	Lernziel	-e die Ziele	Substantiv / Nomen Nominativ: das Genitiv: des Dativ: dem Akkusativ: das	ዕላማመጽዕቲ	study aim
55	lesen	Lesen Sie bitte das Buch	Verb	ምንባብ	to read
die	Lesetechnik	-en die Techniken	Substantiv / Nomen Nominativ: die Genitiv: der Dativ: der Akkusativ: die	ክእለት-ንባብ/ኣገባብ ንባብ	reading technique
	letzt-	Der Letzte macht das Licht aus	Adjektiv	መወዳእታ መጠረሽታ	last (The last word determines the article.)
die	Leute	Pl.	Substantiv / Nomen Nominativ: die Genitiv: der Dativ: der Akkusativ: die	ሰባት	people
4	lieben		Verb	ምፍቃር/ምፍታው	to love
das	Lieblingsessen	– die Essen	Substantiv / Nomen Nominativ: das Genitiv: des Dativ: dem Akkusativ: das	እትፈቱዎ መግቢ	favorite dish
56	liegen	Wo liegt Darmstadt?.	Verb	ሓየ ነገር ዝርከቦ ንመላጺ...(ኣብ ት ኤርትራ ኣብ ቀርኒ ኣፍሪቃ ትርከብ)	to lie, to be Darmstadt is in Germany.
56	liegen	Du liegst den ganzen Tag im Bett!?	Verb	በጥ በለ	to lie (to lie in bed)
56	liegen		Verb	ይርከብ/ትርከብ//	to lie here: to be

					(the apartment is near the park.)
	lila	*Lila* Blume	Adjektiv	ሊላ	purple
die	Limonade	-n die Limonaden	Substantiv / Nomen Nominativ: *die* Genitiv: *der* Dativ: *der* Akkusativ: *die*	ጽሟቆ ለሚን	lemonade
die	Linie	-n die Linien	Substantiv / Nomen Nominativ: *die* Genitiv: *der* Dativ: *der* Akkusativ: *die*	መስመር	line
der	Link	-s die Links	Substantiv / Nomen Nominativ: *der* Genitiv: *des* Dativ: *dem* Akkusativ: *den*	ላቄባ/መዊኸቢ	link
	links	*Links* ist das Schwimmbad	Adverb	ጸጋም	left
die	Liste	-n die Listen	Substantiv / Nomen Nominativ: *die* Genitiv: *der* Dativ: *der* Akkusativ: *die*	ዝርዝር/ሊስታ	list
der	Liter	– die Liter *Abkürzung* l	Substantiv / Nomen Nominativ: *der* Genitiv: *des* Dativ: *dem* Akkusativ: *den*	ሊትሮ	liter
der	Lkw (= Lastkraft*wagen*)	-s die LKWs	Substantiv / Nomen Nominativ: *der* Genitiv: *des* Dativ: *dem* Akkusativ: *den*	ጎንደራን/ማኪና ጽዕነት	truck
der	Löffel	– die Löffel	Substantiv / Nomen Nominativ: *der* Genitiv: *des* Dativ: *dem* Akkusativ: *den*	ማንካ	spoon
die	Lös*ung*	-en die Lösungen	Substantiv / Nomen Nominativ: *die* Genitiv: *der* Dativ: *der* Akkusativ: *die*	ፍታሕ	solution
die	Luft	¨-e die Lüfte	Substantiv / Nomen Nominativ: *die* Genitiv: *der* Dativ: *der* Akkusativ: *die*	ኣየር	air
57	lügen		Verb	ምሕሳው	to lie
die	Lust	¨-e die Lüste	Substantiv / Nomen Nominativ: *die* Genitiv: *der* Dativ: *der* Akkusativ: *die*	ድሌት	the desire to do s.th.
4	machen	Das Zimmermädchen *macht* die Betten. Eine Liste *machen*.	Verb	ምግባር/ምፍጻም ምግዋ ራሕ	to make (to make a list)

		Was *machst* du nach dem Deutschkurs? Kaffe, Wasser *macht* (*kostet*) sieben Euro zehn. Ich *mache* Mittagspause. Ich mache den Salat. Das macht nichts. *Was machst du nach dem Deutschkurs?*			
die	Mahl*zeit*	-en die Zeiten	Substantiv / Nomen Nominativ: *die* Genitiv: *der* Dativ: *der* Akkusativ: *die*	ጊዜ መግቢ	meal
	mal	= einmal	Adverb	ሓንሳብ	once
4	*malen*		Verb	ምኽኣል	to paint
die	Mama	-s die Mamas	Substantiv / Nomen Nominativ: *die* Genitiv: *der* Dativ: *der* Akkusativ: *die*	ኣደ	mum
	manchmal	*Manchmal trinke* ich auch Alkohol	Adverb	እንሓንሳብ/ሓደ-ሓደ ጊዜ	sometimes
die	Mango	-s die Mangos	Substantiv / Nomen Nominativ: *die* Genitiv: *der* Dativ: *der* Akkusativ: *die*	ማንጉስ	mango
der	Maniok	-s die Manioks	Substantiv / Nomen Nominativ: *der* Genitiv: *des* Dativ: *dem* Akkusativ: *den*	ማንዮክ (ዝብላዕ)	manioc
der	Mann	"-er die Männer	Substantiv / Nomen Nominativ: *der* Genitiv: *des* Dativ: *dem* Akkusativ: *den*	ሰብኣይ	man
der	Mantel	"- die Mäntel	Substantiv / Nomen Nominativ: *der* Genitiv: *des* Dativ: *dem* Akkusativ: *den*	ዳብ/ካቦት	coat
die	Margarin*e*	Sg.	Substantiv / Nomen Nominativ: *die* Genitiv: *der* Dativ: *der* Akkusativ: *die*	መንደሪን	margarine
55 ge	*markieren*	Ich *markiere* alle Verben	Verb	ምሟካት	to mark
der	Markt	"-e die Märkte	Substantiv / Nomen Nominativ: *der* Genitiv: *des* Dativ: *dem* Akkusativ: *den*	ዕዳጋ	market
der	Markt*platz*	"-e die Plätze	Substantiv / Nomen Nominativ: *der* Genitiv: *des* Dativ: *dem* Akkusativ: *den*	ቦታ ዕዳጋ	market square

die	Marmelade	-n die Marmeladen	Substantiv / Nomen Nominativ: *die* Genitiv: *der* Dativ: *der* Akkusativ: *die*	ማርሜላታ	jam, marmelade
das	Maskulinum	die Maskulina	masculine	ተባዕታይ	masculine
	maximal	Was *kannst* du maximal für die Wohnung *bezahlen*?	Adjektiv	ቢበዝሑ	at the most
das	Medikament	-e die Medikamente	Substantiv / Nomen Nominativ: *das* Genitiv: *des* Dativ: *dem* Akkusativ: *das*	መድሓኒት	medicine, medication
die	Medizin	-en die Medizinen *Arznei; Medikament*	Substantiv / Nomen Nominativ: *die* Genitiv: *der* Dativ: *der* Akkusativ: *die*	ሕክምና	medication, medicine
das	Mehl	Sg.	Substantiv / Nomen Nominativ: *das* Genitiv: *des* Dativ: *dem* Akkusativ: *das*	ሓርጭ	flour
	mehr	*siehe:* viel Ich *brauche* mehr Milch	Adverb	ዝያዳ	more (We have no more milk.)
	mehrer-	Mehrere Teilnehmer *kommen* aus Afrika	Adjektiv	ብዙሓት	several (several consonants)
die	Mehrwert*steuer*	*Abkürzung* MwSt.	Substantiv / Nomen Nominativ: *die* Genitiv: *der* Dativ: *der* Akkusativ: *die*	ኣብ ልዕሊ ሽያጥ ዝኽፈል ቀረጽ	Value Added Tax
	meiste-	Die *meisten* Verben *funktionieren* wie *spielen* (4)	Adjektiv	መብዛሕቱ..	(the) most (Most verbs go like to live)
die	Meister*prüfung*	-en die Prüfungen	Substantiv / Nomen Nominativ: *die* Genitiv: *der* Dativ: *der* Akkusativ: *die*	ፈተና ንማይስትሮ (ክኢላ ኢደ-ጥበብ)	master craftsman´s diploma
4, 11	*melden*		Verb sichA	ኣለኹ/ምልያሃይ ምግባር/ኢድ ዋጥ ምባል	here: to answer
die	Melodie	-n die Melodien	Substantiv / Nomen Nominativ: *die* Genitiv: *der* Dativ: *der* Akkusativ: *die*	ቃና/ዜማ	melody
der	Mensch	-en die Menschen	Substantiv / Nomen Nominativ: *der* Genitiv: *des* Dativ: *dem* Akkusativ: *den*	ሰብ	person, human being
das	Menü	-s die Menüs	Substantiv / Nomen Nominativ: *das* Genitiv: *des* Dativ: *dem* Akkusativ: *das*	ዝርዝር መግቢ/	menu, meal

der	Merk*spruch*	"-e die Sprüche	Substantiv / Nomen Nominativ: *der* Genitiv: *des* Dativ: *dem* Akkusativ: *den*	ቃል ተዘክሮ	rhyme that helps to remember
das	Messer	– die Messer	Substantiv / Nomen Nominativ: *das* Genitiv: *des* Dativ: *dem* Akkusativ: *das*	ካራ	knife
der	Meter	– die Meter	Substantiv / Nomen Nominativ: *der* Genitiv: *des* Dativ: *dem* Akkusativ: *den*	ማቑሮ	meter
der	Metzger	– die Metzger	Substantiv / Nomen Nominativ: *der* Genitiv: *des* Dativ: *dem* Akkusativ: *den*	ሓራድ ስጋ	butcher
die	Metzger*ei*	-en die Metzgereien	Substantiv / Nomen Nominativ: *die* Genitiv: *der* Dativ: *der* Akkusativ: *die*	ቤት ስጋ/እንዳ ስጋ	butcher shop
die	Metzgerin	-nen die Metzgeri*nn*en	Substantiv / Nomen Nominativ: *die* Genitiv: *der* Dativ: *der* Akkusativ: *die*	ሓራዲት ስጋ	butcher
die	Miete	-n die Mieten	Substantiv / Nomen Nominativ: *die* Genitiv: *der* Dativ: *der* Akkusativ: *die*	ክራይ	rent
der	Mieter	– die Mieter	Substantiv / Nomen Nominativ: *der* Genitiv: *des* Dativ: *dem* Akkusativ: *den*	ተኻራያይ/ተኻራዩት	tenant, lesee, renter
die	Mieterin	-nen Mieteri*nn*en	Substantiv / Nomen Nominativ: *die* Genitiv: *der* Dativ: *der* Akkusativ: *die*	ተኻራያይ/ተኻራዩት	tenant, lesee, renter
der	Miet*vertrag*	"-e die Verträge	Substantiv / Nomen Nominativ: *der* Genitiv: *des* Dativ: *dem* Akkusativ: *den*	ስምምዕ/ወዐል ክራይ=ገዛ	lease
die	Milch	Sg.	Substantiv / Nomen Nominativ: *die* Genitiv: *der* Dativ: *der* Akkusativ: *die*	ጸባ	milk
das	Milch*produkt*	-e die Produkte	Substantiv / Nomen Nominativ: *das* Genitiv: *des* Dativ: *dem* Akkusativ: *das*	ፍርያት ጸባ	milk product

der	Millionär	-e die Millionäre	Substantiv / Nomen Nominativ: der Genitiv: des Dativ: dem Akkusativ: den	ኢቲ ማኬዮኔር	millionaire
die	Millionärin	-nen die Millionärinnen	Substantiv / Nomen Nominativ: die Genitiv: der Dativ: der Akkusativ: die	ኢቲ ሚልዮኔር	millionaire
das	Mineralwasser	Sg.	Substantiv / Nomen Nominativ: das Genitiv: des Dativ: dem Akkusativ: das	ማይ ጋዝ	mineral water
der	Minidialog	-e die Dialoge	Substantiv / Nomen Nominativ: der Genitiv: des Dativ: dem Akkusativ: den	ንኣሽ ዕላል/ዝርርብ	mini dialogue
der	Minister	– die Minister	Substantiv / Nomen Nominativ: der Genitiv: des Dativ: dem Akkusativ: den	ኢቲ ሚኒስተር	minister (polit.), secretary (polit.)
die	Ministerin	-nen die Ministerinnen	Substantiv / Nomen Nominativ: die Genitiv: der Dativ: der Akkusativ: die	ኢታ ሚኒስተር	minister (polit.), secretary (polit.)
die	Minute	-n die Minuten	Substantiv / Nomen Nominativ: die Genitiv: der Dativ: der Akkusativ: die	ደቒቕ	minute
der	Mist! Hühnermist	Kurzform für Misthaufen. Umgangssprachlich abwertend	Substantiv / Nomen Nominativ: der Genitiv: des Dativ: dem Akkusativ: den		Darn it!
	mit	+ D. Ich fahre gerne mit dem Auto.	Dativ / Präposition	ምስ	with
26	mit.bringen		Verb trennbar	ምምጻእ/ምምጻእ	to bring along
28	mit.dürfen		Verb trennbar	ምስ……ይግባእ	to be permitted to come along
48	mit.kommen	Warum kommt Juan nicht mit ins Kino?	Verb trennbar sein	ምስ…ምምጻእ - ምስኡ ይመጽእ ኣሎ	to come along
55	mit.lesen	Das Kind liest die Märchen mit	Verb trennbar	ምስ… ምንባብ (ምስኡ ንበብ)	to read along with
4	mit.machen	Machst du beim Spiel mit?	Verb trennbar	ምግባር ምስ….	to participate
25	mit.sprechen	Ich spreche im Deutschkurs immer mit	Verb trennbar	ምዝራብ ምስ…	to say s.th. along with
der	Mittag	-e die Mittage	Substantiv / Nomen Nominativ: der	ቀትሪ	noon

			Genitiv: *des* Dativ: *dem* Akkusativ: *den*		
das	Mittagessen	– die Essen	Substantiv / Nomen Nominativ: *das* Genitiv: *des* Dativ: *dem* Akkusativ: *das*	ምሳሕ	lunch
	mittags	Was *machst* du heute *mittags*?	Adverb *Rechtsschreibung*: mittags [um] 12 Uhr, [um] 12 Uhr mittags von morgens bis mittags	ናይ ቀትሪ	at noon
	mittler-	Das Buch *liegt* auf dem *mittleren* Regal	Adjektiv	ማእከል	middle (to put the casserole in the middle shelf)
der	Mittwoch	-e die Mittwoche *Abkürzung* Mi.	Substantiv / Nomen Nominativ: *der* Genitiv: *des* Dativ: *dem* Akkusativ: *den*	ሮቡዕ	Wednesday
	mittwochs	Mittwochs *spielen* Kinder immer Fußball *Grammatik* Das Substantiv „Mittwoch" wird *großgeschrieben*: - ich werde euch (am) Mittwoch besuchen - alle Mittwoche; eines Mittwochs; des Mittwochs; Hingegen wird das Adverb „mittwochs" *kleingeschrieben*: mittwochs (jeden Mittwoch) um fünf Uhr; immer mittwochs; mittwochs abends; mittwochs nachmittags	Adverb	ሮቡዕ-ሮቡዕ	on Wednesday(s)
das	Möbel	– die Möbel	Substantiv / Nomen Nominativ: *das* Genitiv: *des* Dativ: *dem* Akkusativ: *das*	ኣቝሑት ገዛ	(piece of) furniture
der	Möbel*packer*	– die Packer	Substantiv / Nomen Nominativ: *der* Genitiv: *des* Dativ: *dem* Akkusativ: *den*	ኣቲ ኣቝሐት ዘገጣጥም	(furniture) mover
die	Möbel*packerin*	-nen die Packeri*nn*en	Substantiv / Nomen Nominativ: *die* Genitiv: *der* Dativ: *der* Akkusativ: *die*	ኢታ ኣቝሑት ተገጣጥም	(furniture) mover
das	Möbel*stück*	-e die Stücke	Substantiv / Nomen Nominativ: *das* Genitiv: *des* Dativ: *dem* Akkusativ: *das*	ኣቝሑት ገዛ	piece of furniture

	möbliert	Die Wohnung *ist möbliert*	Adjektiv	ምኩ ኣቐሐቱ	furnished
59	*möchten*	Wer *möchte* einen Kaffee?	Verb Modalverb	ምድላይ	to want
das	Modal*verb*	-en die Verben	Substantiv / Nomen Nominativ: *das* Genitiv: *des* Dativ: *dem* Akkusativ: *das*	ናይ ኣገባብ ግስ	modal verb
	modern	Die Waschmaschine *ist modern*	Adjektiv	ዘመናዊ	modern
59	*mögen*	Ich *mag* das Wetter in Deutschland nicht.	Verb Modalverb	ምፍታው	to like
die	Möglich*keit*	-en die Möglichkeiten	Substantiv / Nomen Nominativ: *die* Genitiv: *der* Dativ: *der* Akkusativ: *die*	ኣኽእሎ/ዕድል	possibility
die	Möhr*e*	-n die Möhren	Substantiv / Nomen Nominativ: *die* Genitiv: *der* Dativ: *der* Akkusativ: *die*	ካሮቲ	carrot
der	Möhren*salat*	-e die Salate	Substantiv / Nomen Nominativ: *der* Genitiv: *des* Dativ: *dem* Akkusativ: *den*	ሰላጣ ካሮቲ	carrot salad
	Moin, moin!	= *norddeutsch für* Guten Tag!	Interjektion	ሰላም ኣበሃህላ (ኣብ ሰሜን ጀርመን)	Hello! (Nothern German)
der	Moment	-e die Momente	Substantiv / Nomen Nominativ: *der* Genitiv: *des* Dativ: *dem* Akkusativ: *den*	ሓንሳብ	moment
der	Monat	-e die Monate	Substantiv / Nomen Nominativ: *der* Genitiv: *des* Dativ: *dem* Akkusativ: *den*	ወርሒ	month
	monatlich	Wir *zahlen monatlich* die Miete	Adjektiv	ወርሓዊ	monthly
die	Monats*karte*	-n die Karten	Substantiv / Nomen Nominativ: *die* Genitiv: *der* Dativ: *der* Akkusativ: *die*	ወርሓዊ ቲኬት	monthly pass / ticket
der	Mon*tag*	-e die Montage *Abkürzung* Mo.	Substantiv / Nomen Nominativ: *der* Genitiv: *des* Dativ: *dem* Akkusativ: *den*	ሰኑይ	Monday
	montags	Montags *kocht* meine Mutter immer Kartoffelsuppe *Grammatik* Das Substantiv „Montag" wird *großgeschrieben*: - ich werde euch (am) Montag besuchen	Adverb	ሰኑይ-ሰኑይ	on Monday(s)

		- alle Montag; eines Montags; des Montags; Hingegen wird das Adverb „montags" *kleingeschrieben*: montags (jeden Motag) um fünf Uhr; immer montags; montags abends; montags nachmittags			
	morgen	Sie *will* nicht bis *morgen* warten	Adverb	ጽባሕ	tomorrow
der	Morgen	– die Morgen	Substantiv / Nomen Nominativ: *der* Genitiv: *des* Dativ: *dem* Akkusativ: *den*	ጽባሕ ወይ ንግሆ	morning
	morgens	Wann *stehst* du *morgens* auf? - morgens um sieben Uhr - um sieben Uhr morgens - dienstags morgens	Adverb	ናይ ንግሆ	in the morning
	müde	Ich *bin müde*	Adjektiv	ደኺመ	tired
die	Münchener Weiß*wurst*	"-e die Würste	Substantiv / Nomen Nominativ: *die* Genitiv: *der* Dativ: *der* Akkusativ: *die*	ብስም ከተማ ምዩኒክ ዝጽዋዕ ብሱኻ	white sausage from Munich
der	Mund	"-er die Münder	Substantiv / Nomen Nominativ: *der* Genitiv: *des* Dativ: *dem* Akkusativ: *den*	ኣፍ	mouth
die	Münz*e*	-n die Münzen	Substantiv / Nomen Nominativ: *die* Genitiv: *der* Dativ: *der* Akkusativ: *die*	ሰልዲ/ገንዘብ (ሓጻውን)	coin
das	Muse*um*	die Museen	Substantiv / Nomen Nominativ: *das* Genitiv: *des* Dativ: *dem* Akkusativ: *das*	ቤተ-ማኻር/ሚዩዝም	museum
die	Muskat*nuss*	"-e die Nüsse	Substantiv / Nomen Nominativ: *die* Genitiv: *der* Dativ: *der* Akkusativ: *die*	ሙስካት (ቀመም)	nutmeg
der	Muslima-Bade*anzug*	"-e die Anzüge	Substantiv / Nomen Nominativ: *der* Genitiv: *des* Dativ: *dem* Akkusativ: *den*	ማዝንበሲ ክዳን	bathing suit
60	*müssen*		*Verb* *Modalverb*	ይግባእ	must

die	Mutter	"- die Mütter	Substantiv / Nomen Nominativ: *die* Genitiv: *der* Dativ: *der* Akkusativ: *die*	ኣደ/እኖ	mother
die	Mutter*sprache*	-n die Sprachen	Substantiv / Nomen Nominativ: *die* Genitiv: *der* Dativ: *der* Akkusativ: *die*	ቋንቋ-ኣደ	mother tongue
die	Mütz*e*	-n die Mützen	Substantiv / Nomen Nominativ: *die* Genitiv: *der* Dativ: *der* Akkusativ: *die*	ቆቢዕ	cap
	na	Na, schon fertig mit den Hausaugaben?	Interjektion	ሃየ	well ...
	Na gut.	Na gut, wenn du *meinst*.	Interjektion + Adjektiv	ሕራይ እሞእንበኣር	well, alright
	nach	*nach* dem Kurs	Präposition	ድሕሪ	past It is five past two.
	nach Hause	Wir *gehen nach Hause*	Präposition + Nomen	ን ገዛ/ቤት	to Boss comes to his house, comes home.)
4	nach.fragen		Verb trennbar	ምሕታት	to inquire, to ask again
72	nach.sehen	Ich *sehe* den Text *nach*	Verb trennbar	ምሪኣይ/ምክትታል	to check
25	nach.sprechen	*Sprechen* Sie die Buchstaben *nach*	Verb trennbar	ደዲሕሪ ሓደ... ምዝራብ/ዝተባህለ ምድጋም	to repeat
der	Nachbar	-n die Nachbarn	Substantiv / Nomen Nominativ: *der* Genitiv: *des* Dativ: *dem* Akkusativ: *den*	ኣቲ ጎሪቤት	neighhbor
die	Nachbarin	-nen die Nachbar*nn*en	Substantiv / Nomen Nominativ: *die* Genitiv: *der* Dativ: *der* Akkusativ: *die*	ኣታ ጎረቤት	neighhbor
	nachdem	*Nachdem* wir *gelernt haben*, *machen* wir eine Pause.	Konjunktion	ድሕሪ	after
der	Nachmit*tag*	-e die Mittage	Substantiv / Nomen Nominativ: *der* Genitiv: *des* Dativ: *dem* Akkusativ: *den*	ድሕሪ ቀትሪ	afternoon
	nachmittags	Engländer *trinken* nachmittags immer den Tee *Grammatik:* Das Substantiv „Nachmittag" wird *großgeschrieben*: - ich werde euch (am) Nachmittag besuchen - alle Nachmittage; eines Nachmittags;	Adverb *Grammatik*: Hingegen wird das Adverb „nachmittags" *kleingeschrieben*: nachmittags (jeden Nachmittag) um fünf Uhr; immer nachmittags; nachmittags abends; nachmittags	ድሕሪ ቀትሪ	in the afternoon

		des Nachmittags;	nachmittags		
der	Nach*name*	-n die Namen	Substantiv / Nomen Nominativ: *der* Genitiv: *des* Dativ: *dem* Akkusativ: *den*	ስም አቦ	last name
	nächst-	*Wer ist der Nächste?*	Nomen	ዘቐጽል/ዘስዕብ	(the) next
die	Nacht	¨-e die Nächte	Substantiv / Nomen Nominativ: *die* Genitiv: *der* Dativ: *der* Akkusativ: *die*	ለይቲ	night
der	Nach*tisch*	-e die Tische	Substantiv / Nomen Nominativ: *der* Genitiv: *des* Dativ: *dem* Akkusativ: *den*	ድሕረ-መግቢ	dessert
	nachts	*Ich schlafe nachts sehr schlecht* - nachts spät - spät nachts nach Hause kommen - nachts nicht schlafen können	Adverb	ለይቲ	at night
die	Näh*e*	Sg.	Substantiv / Nomen Nominativ: *die* Genitiv: *der* Dativ: *der* Akkusativ: *die*	ጥቓ	neighborhood, vicinity
die	Näh*maschine*	-n die Maschinen	Substantiv / Nomen Nominativ: *die* Genitiv: *der* Dativ: *der* Akkusativ: *die*	ሰፋዪት ማኪና	sewing machine
der	Nam*e*	-n die Namen	Substantiv / Nomen Nominativ: *der* Genitiv: *des* Dativ: *dem* Akkusativ: *den*	ስም አቦ	name
die	Nase	-n die Nasen	Substantiv / Nomen Nominativ: *die* Genitiv: *der* Dativ: *der* Akkusativ: *die*	አፍንጫ	nose
	natürlich	*Kommst du mit?* *Natürlich!*	Adjektiv	ባህርያዊ (ወይ ከኣ ከሞይ ደኣ ʼኽ!....ንምባል ትጥቀሙሉ ቃል)	naturally, certainly
	neben	+ A./D.	Präposition	ጥቓ/ብጐኒ	next to
die	Neben*kosten*	Pl. Abkürzung NK	Substantiv / Nomen Nominativ: *die* Genitiv: *der* Dativ: *der* Akkusativ: *die*	ተወሳኺ ከራይ ገዛ (መብራህቲ፡ መውዓዪ፡ጐሓፍ...)	utility payments
der	Neben*satz*	¨-e die Sätze	Substantiv / Nomen Nominativ: *der* Genitiv: *des* Dativ: *dem* Akkusativ: *den*	ንኡስ ዓረፍተ-ነገር	sub clause

	negativ	Wir *denken* immer *negativ*.	Adjektiv	ኣሉታዊ	negative
61	*nehmen*	Wladimir *nimmt* keine Tabletten	Verb	ምውሳድ	to take ((Do you take milk and sugar?)
61	*nehmen*	Gut, ich nehme [= kaufe] die Lampe	Verb	ምውሳድ	to take (Good, I´ll take [=buy] the lamp)
	nein	*Nein*, ich *esse* kein Fleisch	Adverb	ኣይፋል/ላእ	no
47	nennen		Verb	ምኽማይ/ምጥቃስ	to name
	nett	*Ist* deine Lehrerein auch so *nett*?	Adjektiv	ሕያዋይ	nice, pleasant
	netto	Ich *verdiene* 1200€, aber *netto bekomme* ich nur 900€	Adverb	ጽሩይ	net (income)
der	Netz*plan*	"-e die Pläne	Substantiv / Nomen Nominativ: *der* Genitiv: *des* Dativ: *dem* Akkusativ: *den*	መዲብ መስኪቢ ማመሒት	map of the transportation
	neu	*Ist* die Brille *neu*?	Adjektiv	ሓድሽ	new
	nicht	*Ist* es *nicht* schön hier?	Partikel Adverb	መግለጺ ኣሉታ (ኣብነት: ኣይመጽን፤ ኣይትብላዕ)	not
	nichts	Ich *habe nichts gesagt*	Pronomen	ዋላ ሓንቲ	nothing
	nie	Ich *lüge nie*	Adverb	ብፍጹም	never
	noch	*Möchtest* du *noch* einen Kaffe?	Adverb / Konjunktion	ገና	still
	noch einmal	Bitte *sagen* Sie Ihren Namen *noch einmal*	Adverb	ከም ሓድሽ/እንደገና	once again, on more time
das	Nomen	– die Nomen	Substantiv / Nomen Nominativ: *das* Genitiv: *des* Dativ: *dem* Akkusativ: *das*	ስማዊ ወዲ	noun
der	Nominativ	-e die Nominative	Substantiv / Nomen Nominativ: *der* Genitiv: *des* Dativ: *dem* Akkusativ: *den*	ስማዊ	nominative
der	Norden	Sg. *Grammatik*: Himmelsrichtungen haben alle den Artikel „der": *der* Norden, *der* Süden, *der* Westen, *der* Osten	Substantiv / Nomen Nominativ: *der* Genitiv: *des* Dativ: *dem* Akkusativ: *den*	ሰሜን	North
der	Not*dienst*	-e die Dienste	Substantiv / Nomen Nominativ: *der* Genitiv: *des* Dativ: *dem* Akkusativ: *den*	ህጹጽ ኣገልግሎት	emergency service
der	Not*fall*	"-e die Fälle	Substantiv / Nomen Nominativ: *der* Genitiv: *des*	ሓደጋ	emergency

			Dativ: *dem* Akkusativ: *den*		
4 ge	notieren	Sie *notiert* die Telefonnummer	Verb	ምሟጫካት/ምሟዚጋብ	note
die	Notiz	-en die Notizen	Substantiv / Nomen Nominativ: *die* Genitiv: *der* Dativ: *der* Akkusativ: *die*	መዘኻኸሪ	note
der	Notiz*zettel*	– die Zettel	Substantiv / Nomen Nominativ: *der* Genitiv: *des* Dativ: *dem* Akkusativ: *den*	መዛኻኸሪ ጥራዝ	memo sheet
die	Nudel	-n die Nudeln	Substantiv / Nomen Nominativ: *die* Genitiv: *der* Dativ: *der* Akkusativ: *die*	ባስታ	pasta
das	Nudel*gericht*	-e die Gerichte	Substantiv / Nomen Nominativ: *das* Genitiv: *des* Dativ: *dem* Akkusativ: *das*	መገቢ-ፓስታ	pasta dish
die	Nummer	-n die Nummern	Substantiv / Nomen Nominativ: *die* Genitiv: *der* Dativ: *der* Akkusativ: *die*	ቁጽሪ	number
4 ge	*nummerieren*		Verb	ቁጽሪ ምሃብ	to number
	nun	*Nun*, was *sagst* du jetzt?	Adverb Partikel ohne eigentl. Bedeutung	ሕጂ	now
	nur	Warum *trinkst* du *nur* Wasser?	Adverb	ጥራይ/ጥራሕ	only
	o.k.	*Abkürzung für* okay englisch-amerikanisch okay, Herkunft ungeklärt	Adjektiv	ሕራይ/እሺ	o.k.
das	Ober*geschoss*	-e die Geschosse	Substantiv / Nomen Nominativ: *das* Genitiv: *des* Dativ: *dem* Akkusativ: *das*	ቀዳማዊ ደርቢ	upper floor
das	Obst	Sg.	Substantiv / Nomen Nominativ: *das* Genitiv: *des* Dativ: *dem* Akkusativ: *das*	ፍሩታ	fruit
die	Obst*sorte*	-n die Sorten	Substantiv / Nomen Nominativ: *die* Genitiv: *der* Dativ: *der* Akkusativ: *die*	ዓይነት ፍሩታታት	kind of fruit
	obwohl	Du *kaufst* dir ein neues	Konjunktion	ዋላ 'ኳ	although

		Auto, *obwohl* du kein Geld *hast*?			
	oder	*Willst* du einen Kaffee *oder* einen Tee?	Konjunktion	ወይ	or
die	Ofen*heiz*ung	-en die Heizungen	Substantiv / Nomen Nominativ: *die* Genitiv: *der* Dativ: *der* Akkusativ: *die*	መውዓዪ እቶን	stove heating
	offiziell	Wir *haben* einen *offiziellen* Termin	Adjektiv	ዕላዊ	official
4, 12	*öffnen*	*Bitte offnen sie das Fenster*	Verb sichA	ከፈተ/ፍቱሕ/ርሓው	to open
die	Öffnungs*zeit*	-en die Zeiten	Substantiv / Nomen Nominativ: *die* Genitiv: *der* Dativ: *der* Akkusativ: *die*	ዝኸፈተሉ ጊዜ	openings hours
	oft	oft, öfter, am häufigsten	Adverb	ቡዝሓሒ	often
	ohne	ohne Geld	Präposition / Konjunktion + A.	ብዘይ	without
das	Ohr	-en die Ohren	Substantiv / Nomen Nominativ: *das* Genitiv: *des* Dativ: *dem* Akkusativ: *das*	እዝኒ	ear
das	Öl	-e die Öle	Substantiv / Nomen Nominativ: *das* Genitiv: *des* Dativ: *dem* Akkusativ: *das*	ዘይቲ	oil
die	Oliv*e*	-n die Oliven	Substantiv / Nomen Nominativ: *die* Genitiv: *der* Dativ: *der* Akkusativ: *die*	ኣውሊዕ	olive
das	Oliven*öl*	-e die Öle	Substantiv / Nomen Nominativ: *das* Genitiv: *des* Dativ: *dem* Akkusativ: *das*	ዘይቲ ኣወላዕ/ኦሊቭያ	olive oil
die	Oma	-s die Omas	Substantiv / Nomen Nominativ: *die* Genitiv: *der* Dativ: *der* Akkusativ: *die*	ዓባይ/እኖሓን	grandma
der	Onkel	– die Onkel	Substantiv / Nomen Nominativ: *der* Genitiv: *des* Dativ: *dem* Akkusativ: *den*	ኣኮ	uncle
	orange	Die Farbe orange	Adjektiv	ኣራንቾኒ	orange
die	Orang*e*	-n die Orangen	Substantiv / Nomen Nominativ: *die* Genitiv: *der* Dativ: *der* Akkusativ: *die*	ኣራንሺ	orange
der	Orangen*saft*	"-e	Substantiv / Nomen	ጽማቝ ኣራንሺ	orange juice

		die Säfte	Nominativ: der Genitiv: des Dativ: dem Akkusativ: den		
4; 12	ordnen	*Ordnen* Sie bitte die Blätter in den Ordner	Verb	ምኽራዕ /ምውጋን	to put in order
der	Ordn*er*	– die Ordner	Substantiv / Nomen Nominativ: der Genitiv: des Dativ: dem Akkusativ: den	ፋይል	file, folder
die	Orientier*ung*	-en die Orientierungen	Substantiv / Nomen Nominativ: die Genitiv: der Dativ: der Akkusativ: die	መኣዝን መሓዝ/መንቂቂሕታ	orientation
das	Original	-e die Originale	Substantiv / Nomen Nominativ: das Genitiv: des Dativ: dem Akkusativ: das	ናይ ፈለማ	original
der	Ort	-e die Orte	Substantiv / Nomen Nominativ: der Genitiv: des Dativ: dem Akkusativ: den	ቦታ/ሰፈር	place, spot, village
der	Orthopäd*e*	-n die Orthopäden	Substantiv / Nomen Nominativ: der Genitiv: des Dativ: dem Akkusativ: den	እቲ ሓኪም ዓጽሚ	orthopedist
die	Orthopädin	-nen die Orthopedi*nn*en Orthopädi*nn*en	Substantiv / Nomen Nominativ: die Genitiv: der Dativ: der Akkusativ: die	እታ ሓኪም ዓጽሚ	orthopedist
der	Osten	Sg. <u>Grammatik</u>: Himmelsrichtungen haben alle den Artikel „der": *der* Norden, *der* Süden, *der* Westen, *der* Osten	Substantiv / Nomen Nominativ: der Genitiv: des Dativ: dem Akkusativ: den	ምብራቕ	East
	Österreich	Staat im südlichen Mitteleuropa	Nomen Sg. ohne Artikel	ኣወስተርያ	Austria
das	Paar	-e die Paare aber: 2 Paar Strümpfe	Substantiv / Nomen Nominativ: das Genitiv: des Dativ: dem Akkusativ: das	ጽምዊ	pair
das	Päck*chen*	– die Päckchen	Substantiv / Nomen Nominativ: das Genitiv: des Dativ: dem Akkusativ: das	ባኮ	here: the cube

4	*packen*	Wir *packen* die Reisetasche	*Verb*	ምፕርናፍ/ምእርናብ	to pack
die	Pack*ung*	-en die Packungen	Substantiv / Nomen Nominativ: *die* Genitiv: *der* Dativ: *der* Akkusativ: *die*	ዕሽግ/ዕሹግ	package
die	Paella	-s die Paellas	Substantiv / Nomen Nominativ: *die* Genitiv: *der* Dativ: *der* Akkusativ: *die*	ፓአላ	paela
der	Papier*korb*	˶-e die Körbe	Substantiv / Nomen Nominativ: *der* Genitiv: *des* Dativ: *dem* Akkusativ: *den*	እንዳ ጉሓፍ	waste basket
der die	Paprika	-s die Paprikas	Substantiv / Nomen Nominativ: *der* Genitiv: *des* Dativ: *dem* Akkusativ: *den*	ቦረቦኒ	(green, red ...) pepper
der	Park	-s die Parks	Substantiv / Nomen Nominativ: *der* Genitiv: *des* Dativ: *dem* Akkusativ: *den*	መፃፌሲ/መፃፌሻ	park
4	*parken*		*Verb*	ምጽሻግ	to park
der	Park*platz*	˶-e die Plätze	Substantiv / Nomen Nominativ: *der* Genitiv: *des* Dativ: *dem* Akkusativ: *den*	መዋሽግ ማኪና	packing spot
das	Park*verbot*	-e die Verbote	Substantiv / Nomen Nominativ: *das* Genitiv: *des* Dativ: *dem* Akkusativ: *das*	ወዳ ዕሽጋ ሚይን	parking restriction
das	Partizip	Partizipien	Substantiv / Nomen Nominativ: *das* Genitiv: *des* Dativ: *dem* Akkusativ: *das*		participle
der	Pass	˶-e die Pässe	Substantiv / Nomen Nominativ: *der* Genitiv: *des* Dativ: *dem* Akkusativ: *den*	መኸለፊ ወረቐት/መንነት	passport
4	*passen*	Die *Bluse* passt.	*Verb* 1. Keidung 2. angenehm sein 3. keine Antwort wissen 3. Fußball: dem Spieler der eigener Mannschaft den Ball zuspielen	ምቻእ/ዝጥዕም	here: to match
	passend	Die Schuhe *sind passend* zu deiner Tasche	adjektiv	ስምሟዕ/ተሳማሚ	matching

der	Patient	-en die Patienten	Substantiv / Nomen Nominativ: *der* Genitiv: *des* Dativ: *dem* Akkusativ: *den*	ሕሙም	patient
die	Patientin	-nen die Patient*nn*en	Substantiv / Nomen Nominativ: *die* Genitiv: *der* Dativ: *der* Akkusativ: *die*	ሕምምቲ	patient
die	Paus*e*	-n die Pausen	Substantiv / Nomen Nominativ: *die* Genitiv: *der* Dativ: *der* Akkusativ: *die*	ዕረፍቲ	break
	perfekt	Du *sprichst* perfekt Deutsch	Adjektiv	ጽፉፍ/ጽጹይ	perfect
das	Perfekt	Sg.	Substantiv / Nomen Nominativ: *das* Genitiv: *des* Dativ: *dem* Akkusativ: *das*	ፍጻሜ	perfect tense
die	Perfekt*form*	-en die Formen	Substantiv / Nomen Nominativ: *die* Genitiv: *der* Dativ: *der* Akkusativ: *die*	ሕሉፍ	perfect from
die	Person	-en die Personen	Substantiv / Nomen Nominativ: *die* Genitiv: *der* Dativ: *der* Akkusativ: *die*	ሰብ	person
der	Personal*bogen*	– die Bogen die Bögen	Substantiv / Nomen Nominativ: *der* Genitiv: *des* Dativ: *dem* Akkusativ: *den*	ኦርኒ ክ/መጣተቲ ወረቐት	personal data sheet
das	Personal*büro*	-s die Büros	Substantiv / Nomen Nominativ: *das* Genitiv: *des* Dativ: *dem* Akkusativ: *das*	ቤት ጽሕፈት ሰብኣዊ ጉዳያት	office of personnel management
das	Personal*pronomen*	– die Pronomen	Substantiv / Nomen Nominativ: *das* Genitiv: *des* Dativ: *dem* Akkusativ: *das*	ክንዲ ስም	personal pronoun
die	Petersil*e*	Sg.	Substantiv / Nomen Nominativ: *die* Genitiv: *der* Dativ: *der* Akkusativ: *die*	ፐርሰሎም	parsley
der	Pfeff*er*	Sg.	Substantiv / Nomen Nominativ: *der* Genitiv: *des* Dativ: *dem* Akkusativ: *den*	በርበረ	pepper
der	Pfirsich	-e die Pfirsiche *Grammatik:* Obst hat meistens Atikel	Substantiv / Nomen Nominativ: *der* Genitiv: *des* Dativ: *dem*	ካዝሚ	peach

		die!! _Ausnahme_ der Apfel und der Pfirsich!!	Akkusativ: _den_		
105	_pflegen_	Die Altenpflegerin _pflegt_ ältere Menschen.	Verb +_sich A_	ምንባይ	computer language: to maintain / keep up
das	Pfund	-e die Pfunde aber: zwei Pfund	Substantiv / Nomen Nominativ: _das_ Genitiv: _des_ Dativ: _dem_ Akkusativ: _das_	ፓውንድ (455 ግራም)	pound
der	Physiker	– die Physiker	Substantiv / Nomen Nominativ: _der_ Genitiv: _des_ Dativ: _dem_ Akkusativ: _den_	ናይ ፊዚክስ ምሁር	physicist
die	Physikerin	-nen die Physiker_nn_en	Substantiv / Nomen Nominativ: _die_ Genitiv: _der_ Dativ: _der_ Akkusativ: _die_	ናይ ፊዚክስ ምሁር	physicist
das	Pils	– die Pils	Substantiv / Nomen Nominativ: _das_ Genitiv: _des_ Dativ: _dem_ Akkusativ: _das_	ፒልስ/ዓይነት ቢራ	Pilsen beer (light beer)
der	Pilz	-e die Pilze	Substantiv / Nomen Nominativ: _der_ Genitiv: _des_ Dativ: _dem_ Akkusativ: _den_	ቃንጥሻ	mushroom
die	Pizza	-s die Pizzas	Substantiv / Nomen Nominativ: _die_ Genitiv: _der_ Dativ: _der_ Akkusativ: _die_	ፒሳ	pizza
die	Plag_e_	-n die Plagen	Substantiv / Nomen Nominativ: _die_ Genitiv: _der_ Dativ: _der_ Akkusativ: _die_	ለበዳ	hardship, burden
der	Platz	"-e die Plätze	Substantiv / Nomen Nominativ: _der_ Genitiv: _des_ Dativ: _dem_ Akkusativ: _den_	ቦታ/ስፈር	square
	plötzlich	_Plötzlich_ regnete es	Adjektiv	ሃንደበት	suddenly
der	Plural	-e die Plurale	Substantiv / Nomen Nominativ: _der_ Genitiv: _des_ Dativ: _dem_ Akkusativ: _den_	ብዙሕ	plural
die	Pluralend_ung_	-en die Endungen	Substantiv / Nomen Nominativ: _die_ Genitiv: _der_ Dativ: _der_ Akkusativ: _die_	መወዳእታ ናይ ብዙሕ ቁጽሪ	plural ending

die	Pluralform	-en die Formen	Substantiv / Nomen Nominativ: die Genitiv: der Dativ: der Akkusativ: die	ብዙሕ ቁጽሪ	plural form
der	Politiker	– die Politiker	Substantiv / Nomen Nominativ: der Genitiv: des Dativ: dem Akkusativ: den	እቲ ፖለቲከኛ	politician
die	Politikerin	-nen die Politikerinnen	Substantiv / Nomen Nominativ: die Genitiv: der Dativ: der Akkusativ: die	እታ ፖለቲከኛ	politician
die	Polizei	-en die Polizeien	Substantiv / Nomen Nominativ: die Genitiv: der Dativ: der Akkusativ: die	ፖሊስያ/ፖሊስ	police
die	Pommes	Pl. = Pommes frites	Substantiv / Nomen Nominativ: die Genitiv: der Dativ: der Akkusativ: die	ጥቡስ ድንሽ/ቺፕስ	french fries, chips
die	Portion	-en die Portionen	Substantiv / Nomen Nominativ: die Genitiv: der Dativ: der Akkusativ: die	ምቅሊት/እጃም/መቁነን	portion
die	Position	-en die Positionen	Substantiv / Nomen Nominativ: die Genitiv: der Dativ: der Akkusativ: die	ቦታ/ደረጃ/መዓርግ	position
der	Possessivartikel	–	Substantiv / Nomen Nominativ: der Genitiv: des Dativ: dem Akkusativ: den	ናይ ዋንነት ፣ ስተኣምር	possessive article
die	Post	Sg.	Substantiv / Nomen Nominativ: die Genitiv: der Dativ: der Akkusativ: die	ቡስጣ	post office
die	Postkarte	-n die Karten	Substantiv / Nomen Nominativ: die Genitiv: der Dativ: der Akkusativ: die	ፖስት ካርድ	postcard
die	Postleitzahl	-en die Zahlen	Substantiv / Nomen Nominativ: die Genitiv: der Dativ: der Akkusativ: die	መለለዪ ቁጽሪ ከተማ/ሃገር	zip code
das	Praktikum	die Praktika	Substantiv / Nomen Nominativ: das Genitiv: des Dativ: dem Akkusativ: das	ናይ ስራሕ ልምምድ	practical training, traineeship, internship

die	Präposition	-en die Präpositionen	Substantiv / Nomen Nominativ: die Genitiv: der Dativ: der Akkusativ: die	መስተዋድድ (ኣብ ሰዋሱው)	preposition
das	Präsens	Sg.	Substantiv / Nomen Nominativ: das Genitiv: des Dativ: dem Akkusativ: das	ህሉው	simple present
das	Präteritum	Sg.	Substantiv / Nomen Nominativ: das Genitiv: des Dativ: dem Akkusativ: das	ሕሉፍ (ብቕንቄ ላቲን)	simple past
der	Preis	-e Preise	Substantiv / Nomen Nominativ: der Genitiv: des Dativ: dem Akkusativ: den	ዋጋ	price
	prima	Das ist prima!	Adjektiv	ቃል ኣጋንኖ (ቀዳማይ/ጸቡቕ)	great
	privat	Hier ist privat	Adjektiv	ወልቃዊ	private
	pro	bist du pro oder kontra?	Präposition / Adverb + A.	ደጋፊ	per
18 ge	probieren	Er probiert das Gemüse	Verb	ምፍታን /ምጥሓር	to taste, to try
das	Problem	-e die Probleme	Substantiv / Nomen Nominativ: das Genitiv: des Dativ: dem Akkusativ: das	ሽግር/ጸገም	problem
das	Programm	-e die Programme	Substantiv / Nomen Nominativ: das Genitiv: des Dativ: dem Akkusativ: das	መደብ/ፕሮግራም	program
das	Projekt	-e die Projekte	Substantiv / Nomen Nominativ: das Genitiv: des Dativ: dem Akkusativ: das	ፕሮጀክት	project
das	Prozent	-e die Prozente aber: 10 Prozent Zeichen: %	Substantiv / Nomen Nominativ: das Genitiv: des Dativ: dem Akkusativ: das	ሚኢታዊ	percent (Symbol %)
	PS	= das Postskript die Postskripte	Nomen		ps, postcriptum
der	Pullover	– die Pullover	Substantiv / Nomen Nominativ: der Genitiv: des Dativ: dem Akkusativ: den	ጉላፍ	sweater, pullover
der	Punkt	-e die Punkte	Substantiv / Nomen Nominativ: der Genitiv: des Dativ: dem Akkusativ: den	ነጥቢ	point
das	Putenschnitzel	–	Substantiv / Nomen	ስጋ ታኪን	turkey cutlet

		die Schnitzel	Nominativ: das Genitiv: des Dativ: dem Akkusativ: das		
4, 14	putzen	Sie putzt sich die Zähne	Verb +sichA	ምጽራይ	to clean
der	Quadratmeter	– die Meter Abkürzung qm und m	Substantiv / Nomen Nominativ: der Genitiv: des Dativ: dem Akkusativ: den	ትርብዒት ሜትሮ	square meter
die	Qualität	-en die Qualitäten	Substantiv / Nomen Nominativ: die Genitiv: der Dativ: der Akkusativ: die	ዓይነት	quality
das	Radio	-s die Radios	Substantiv / Nomen Nominativ: das Genitiv: des Dativ: dem Akkusativ: das	ራዲዮ	radio
der	Radioapparat	-e die Apparate	Substantiv / Nomen Nominativ: der Genitiv: des Dativ: dem Akkusativ: den	ራዲዮ	radio set
der	Rasierapparat	-e die Apparate	Substantiv / Nomen Nominativ: der Genitiv: des Dativ: dem Akkusativ: den	መላጸዪት ማኪና	(electric) razor
die	Raststätte	-n die Raststätten Autobahnraststätte	Substantiv / Nomen Nominativ: die Genitiv: der Dativ: der Akkusativ: die	መዕረፊ/ ነቕኀባ	place for a rest, rest stop
63	raten	Raten Sie meinen Namen	Verb	ምግማት	to guess
das	Rathaus	"-er die Häuser	Substantiv / Nomen Nominativ: das Genitiv: des Dativ: dem Akkusativ: das	ምምሕዳር ከተማ	town / city hall
der	Rathausplatz	"-e die Plätze	Substantiv / Nomen Nominativ: der Genitiv: des Dativ: dem Akkusativ: den	በታ ምምሕዳር ከተማ	town hall square
4	rauchen		Verb	ምትካኽ (ኣብነት ሽጋራ)	to smoke
der	Raumpfleger	– die Raumpfleger	Substantiv / Nomen Nominativ: der Genitiv: des Dativ: dem Akkusativ: den	ኣጽራዪ	cleaning person

Art.	Wort	Plural / Beispiel	Wortart / Kasus	Tigrinya	English
die	Raum*pflegerin*	-nen die Raupflegerinnen	Substantiv / Nomen Nominativ: *die* Genitiv: *der* Dativ: *der* Akkusativ: *die*	ኣጽራዪት	cleaning person
4 ge	*reagieren*		Verb	ግብረ-መልሲ ምሃብ	to react
die	Realität	-en die Realitäten	Substantiv / Nomen Nominativ: *die* Genitiv: *der* Dativ: *der* Akkusativ: *die*	ሓቅነት/ውድዕነት	reality
die	Rechn*ung*	-en die Rechnungen	Substantiv / Nomen Nominativ: *die* Genitiv: *der* Dativ: *der* Akkusativ: *die*	ሕሳብ	bill, check
	rechts	auf der *rechten* Seite	Adverb	የማን	right
das	Rede*mittel*	– die Mittel	Substantiv / Nomen Nominativ: *das* Genitiv: *des* Dativ: *dem* Akkusativ: *das*	መዛረቢ መገዲ	means of speech
	regelmäßig	Ich *nehme regelmäßig* die Tabletten	Adjektiv	ተኸታታሊ/በቢዓዉኑ	regularly
die	Reg*ion*	-en die Regionen	Substantiv / Nomen Nominativ: *die* Genitiv: *der* Dativ: *der* Akkusativ: *die*	ከባቢ/ዞና	region
4	*reichen*	*Reichst* du mir bitte die Butter	Verb	ምቕባል/ምኢካል	to be enough
der	Reichs*tag*	Sg.	Substantiv / Nomen Nominativ: *der* Genitiv: *des* Dativ: *dem* Akkusativ: *den*	መጸውዒ ቤተ-መንግስቲ ናይ ጀርመን	German Parlament building in Berlin
die	Reih*e*	-n die Reihen	Substantiv / Nomen Nominativ: *die* Genitiv: *der* Dativ: *der* Akkusativ: *die*	መስርዕ	list, row
die	Reihen*folge*	-n die Folgen	Substantiv / Nomen Nominativ: *die* Genitiv: *der* Dativ: *der* Akkusativ: *die*	ቅደም-ተኸተል/ብተራ	the order sequence
der	Reis	Sg.	Substantiv / Nomen Nominativ: *der* Genitiv: *des* Dativ: *dem* Akkusativ: *den*	ሩዝ	rice
18 ge	*reparieren*	Wladimir *repariert* den PC	Verb	ምዕራይ	to repair
das	Restaurant	-s die Restaurants	Substantiv / Nomen Nominativ: *das* Genitiv: *des* Dativ: *dem* Akkusativ: *das*	ቤት መግቢ	restaurant
das	Rezept	-e die Rezepte	Substantiv / Nomen Nominativ: *das*		recipe

			Genitiv: *des* Dativ: *dem* Akkusativ: *das*		
der	Rhyth*mus*	die Rhythmen	Substantiv / Nomen Nominativ: *der* Genitiv: *des* Dativ: *dem* Akkusativ: *den*	ቃና/ሪትሙስ	rhythm
	richtig	Hier *sind* sie *richtig*	Adjektiv	ልክዕ	correct, right
die	Richt*ung*	-en die Richtungen	Substantiv / Nomen Nominativ: *die* Genitiv: *der* Dativ: *der* Akkusativ: *die*	መኣዝን/ኣቕጣጫ	direction
das	Riesen*rad*	"-er die Räder	Substantiv / Nomen Nominativ: *das* Genitiv: *des* Dativ: *dem* Akkusativ: *das*	ዓቢ	ferris wheel
das	Rinder*gulasch*	-e/s die Gulasche die Gulaschs	Substantiv / Nomen Nominativ: *das* Genitiv: *des* Dativ: *dem* Akkusativ: *das*	ጸብሒስጋ-ብዕራይ	stew from cubed beef
das	Rinder*steak*	-s die Steaks	Substantiv / Nomen Nominativ: *das* Genitiv: *des* Dativ: *dem* Akkusativ: *das*	ብስተካ ከብቲ	beef steak
das	Rind*fleisch*	Sg.	Substantiv / Nomen Nominativ: *das* Genitiv: *des* Dativ: *dem* Akkusativ: *das*	ስጋ ከብቲ/ብዕራይ	beef
die	Rinds*wurst*	"-e die Würste	Substantiv / Nomen Nominativ: *die* Genitiv: *der* Dativ: *der* Akkusativ: *die*	ሽሊሕ ስጋ-ብዕራይ/ሹወርስት	beef sausage
das	Ripp*chen*	– die Rippchen	Substantiv / Nomen Nominativ: *das* Genitiv: *des* Dativ: *dem* Akkusativ: *das*	ማንገለ/ስጋ ማንገለ	ribs
der	Risotto	-s die Risottos Gericht aus Reis, Butter und Parmesan	Substantiv / Nomen Nominativ: *der* Genitiv: *des* Dativ: *dem* Akkusativ: *den*	ሪሶቶ	Italian rice dish
der	Rock	"-e die Röcke	Substantiv / Nomen Nominativ: *der* Genitiv: *des* Dativ: *dem* Akkusativ: *den*	ሓጻር ቀሚሽ/ጎና	skirt

das	Rock-Konzert	-e die Konzerte	Substantiv / Nomen Nominativ: *das* Genitiv: *des* Dativ: *dem* Akkusativ: *das*	ሮክ ኮንሰርት	rock concert
die	Rock-*Band*	-s die Rockbands	Substantiv / Nomen Nominativ: *die* Genitiv: *der* Dativ: *der* Akkusativ: *die*	ሮክ ባንድ	rock band
4	röntgen		Verb	ራጂ ምግባር	to X-ray
der	Röntgen*arzt*	"-e die Ärzte	Substantiv / Nomen Nominativ: *der* Genitiv: *des* Dativ: *dem* Akkusativ: *den*	እቲ ሓኪም ራጂ	radiologist
die	Röntgen*ärztin*	-nen die Ärzti*nn*en	Substantiv / Nomen Nominativ: *die* Genitiv: *der* Dativ: *der* Akkusativ: *die*	እታ ሓኪም ራጂ	radiologist
	rot	rot, röter, am rötesten	Adjektiv	ቀይሕ	red
der	Rot*wein*	-e die Weine	Substantiv / Nomen Nominativ: *der* Genitiv: *des* Dativ: *dem* Akkusativ: *den*	ቀይሕ ቪኖ	red wine
der	Rücken	– die Rücken	Substantiv / Nomen Nominativ: *der* Genitiv: *des* Dativ: *dem* Akkusativ: *den*	ሕቆ/ዝባን	back
der	Rücken*schmerz*	-en die Schmerzen meist *Pl.*	Substantiv / Nomen Nominativ: *der* Genitiv: *des* Dativ: *dem* Akkusativ: *den*	ቃንዛ ሕቆ	back pain
die	Rück*frage*	-n die Fragen	Substantiv / Nomen Nominativ: *die* Genitiv: *der* Dativ: *der* Akkusativ: *die*	ዳግም-ሕቶ	return question
die	Rück*seite*	-n die Seiten	Substantiv / Nomen Nominativ: *die* Genitiv: *der* Dativ: *der* Akkusativ: *die*	ዳሕረዋይ ገጽ/ግልባጥ	back
65	rufen		Verb	ምጽዋዕ	to call
	ruhig	Das Zimmer *ist* sehr *ruhig*	Adjektiv	ጸጥ ዝበለ	quiet

der	Rund*gang*	"-e die Gänge	Substantiv / Nomen Nominativ: *der* Genitiv: *des* Dativ: *dem* Akkusativ: *den*	ዑደት	tour on foot
der	Sachbe*arbeiter*	– die Sachbearbeiter	Substantiv / Nomen Nominativ: *der* Genitiv: *des* Dativ: *dem* Akkusativ: *den*	ጉዳያት ኣስላጢ	official in charge of
die	Sachbe*arbeiterin*	-nen Sachbearbeiter*innen*	Substantiv / Nomen Nominativ: *die* Genitiv: *der* Dativ: *der* Akkusativ: *die*	ጉዳያት ኣስላጢ	official in charge of
der	Saft	"-e die Säfte	Substantiv / Nomen Nominativ: *der* Genitiv: *des* Dativ: *dem* Akkusativ: *den*	ጽሚቕ	juice
4	*sagen*	Sie *sagt* alle Buchstaben	*Verb*	ምባል/ምን ጋር	to say
die	Sahn*e*	Sg.	Substantiv / Nomen Nominativ: *die* Genitiv: *der* Dativ: *der* Akkusativ: *die*	ልግዐ	cream
die	Sahne*soße*	-n die Soßen	Substantiv / Nomen Nominativ: *die* Genitiv: *der* Dativ: *der* Akkusativ: *die*	ልግዐ ዝኣተዎ መረቕ/ስጎ	cream sauce
die	Salami	-s die Salamis	Substantiv / Nomen Nominativ: *die* Genitiv: *der* Dativ: *der* Akkusativ: *die*	ሰላሚ/ውዱእ ስጋ	salami
der	Salat	-e die Salate	Substantiv / Nomen Nominativ: *der* Genitiv: *des* Dativ: *dem* Akkusativ: *den*	ሰላጣ	salad
die	Salb*e*	-n die Salben	Substantiv / Nomen Nominativ: *die* Genitiv: *der* Dativ: *der* Akkusativ: *die*	ልኻይ/ዝልከ	ointment
	Salut!, auch Salü!	= *schweizerisch für* Guten Tag! / Auf Wiedersehen!	Interjektion	ሰላም ኣብ ሃላ (ኣብ ስዊዘርላንድ)	Hello! See you! (Swiss)
das	Salz	Sg.	Substantiv / Nomen Nominativ: *das* Genitiv: *des* Dativ: *dem* Akkusativ: *das*	ጨው	salt

die	Salz*kartoffel*	-n die Kartoffeln meist *Pl*.	Substantiv / Nomen Nominativ: *die* Genitiv: *der* Dativ: *der* Akkusativ: *die*	ኣብ ማይ-ጨዉ ዝበሰለ ድንሽ	pealed boiled potatoas
4	sammeln	Er *sammelt* die Briefmarken	*Verb*	ምእካብ/ምውህላል	to collect
der	Sams*tag* Sonn*abend*	-e die Samstage die Sonnabende *Abkürzung* Sa.	Substantiv / Nomen Nominativ: *der* Genitiv: *des* Dativ: *dem* Akkusativ: *den*	ቀዳም/ሰንበት	Saturday
	satt	Danke, *ich* bin *satt*	Adjektiv	ምጽጋብ	to have had enough, to be fed up
der	Satz	"-e die Sätze	Substantiv / Nomen Nominativ: *der* Genitiv: *des* Dativ: *dem* Akkusativ: *den*	ምሉእ ሓሳብ	setence
der	Satz*anfang*	"-e die Anfänge	Substantiv / Nomen Nominativ: *der* Genitiv: *des* Dativ: *dem* Akkusativ: *den*	መጀመርያ ምሉእ ሓሳባት	beginning of the sentence
das	Satz*ende*	-n die Enden	Substantiv / Nomen Nominativ: *das* Genitiv: *des* Dativ: *dem* Akkusativ: *das*	መወዳእታ ምእኣ-ሓሳብ	end of the sentence
die	Satz*frage*	-n die Fragen	Substantiv / Nomen Nominativ: *die* Genitiv: *der* Dativ: *der* Akkusativ: *die*	መሕተቲ ምሉእ ሓሳብ	sentece question
die	Satz*klammer*	-n die Klammern	Substantiv / Nomen Nominativ: *die* Genitiv: *der* Dativ: *der* Akkusativ: *die*	ሓጹር ምሉእ ሓሳባት	sentence bracket
die	Satz*melodie*	-n die Melodien	Substantiv / Nomen Nominativ: *die* Genitiv: *der* Dativ: *der* Akkusativ: *die*	ቃና ምሉእ-ሓሳብ	tone of the sentence
	sauber	Die Wohnung *ist* sehr *sauber*	Adjektiv	ጽሩይ	clean
das	Sauer*kraut*	Sg.	Substantiv / Nomen Nominativ: *das* Genitiv: *des* Dativ: *dem* Akkusativ: *das*	መጻጽ ካወሎ ካፑቺ	sauerkraut
4	sausen	Er *sauste* wie der Wind	*Verb*	ሹሽ በለ	to rush
die	S-*Bahn*	-en die Bahnen	Substantiv / Nomen Nominativ: *die* Genitiv: *der* Dativ: *der* Akkusativ: *die*	ቅልጡፋት ባቡር ጽርጊያ	city train
der	Schal	-s die Schals	Substantiv / Nomen Nominativ: *der*	ሻል	scart

				Genitiv: des Dativ: dem Akkusativ: den		
4	schälen			Verb	ምቕላጥ/ምቅራፍ	to peel
4	schauen		Ich schaue gerne Fußball	Verb	ምርኣይ	to look
die	Scheibe		-n die Scheiben	Substantiv / Nomen Nominativ: die Genitiv: der Dativ: der Akkusativ: die	ቍራጽ/ብጻሕ ዝተቖርጸ	slice
4	schenken			Verb	ምሃብ/ምጒጋስ	to give (as a present)
die	Schere		-n die Scheren	Substantiv / Nomen Nominativ: die Genitiv: der Dativ: der Akkusativ: die	መቐዝ	scissors
	schichten		stapeln	Verb	ምድራብ	to stack
die	Schiene		-n die Schienen hier: Backofen-Schiene	Substantiv / Nomen Nominativ: die Genitiv: der Dativ: der Akkusativ: die	ብሓጺን ዝተሰርሐ (ኣብነት መገዲ ባቡር)	(top / middle) position / shelf in the oven
der	Schinken		– die Schinken	Substantiv / Nomen Nominativ: der Genitiv: des Dativ: dem Akkusativ: den		ham
68	schlafen		Das Kind schläft	Verb	ምድቃስ	to sleep
das	Schlafzimmer		– die Zimmer	Substantiv / Nomen Nominativ: das Genitiv: des Dativ: dem Akkusativ: das	ክፍሊ መዲቀሲ	bedroom
	schlecht		Mir geht heute schlecht	Adjektiv	ሕማቕ	bad
	schließlich		Carmen wohnte in Madrid, London und schließlich in Darmstadt.	Adverb	መወዳእታኡ	finally
das	Schloss		"-er die Schlösser	Substantiv / Nomen Nominativ: das Genitiv: des Dativ: dem Akkusativ: das	ግምቢ	castle
der	Schlussverkauf		"-e die Verkäufe	Substantiv / Nomen Nominativ: der Genitiv: des Dativ: dem Akkusativ: den	መዕጸው መሸጣ	end-of.season-sales
4	schmecken			Verb	ምጥዓም	to taste
das	Schmerzmittel		– die Mittel	Substantiv / Nomen Nominativ: das Genitiv: des Dativ: dem Akkusativ: das	ፈወሲ ቓንዛ	pain medication

53	schneiden	Wer *schneidet* die Haare?	*Verb* +sich A D	ምቛረጽ	to cut
der	Schnitt/*lauch*	Sg.	Substantiv / Nomen Nominativ: *der* Genitiv: *des* Dativ: *dem* Akkusativ: *den*	ቄጽሊ ስጉርቲ	chives
das	Schnitzel	– die Schnitzel	Substantiv / Nomen Nominativ: *das* Genitiv: *des* Dativ: *dem* Akkusativ: *das*	ስጋ	(pork / veal) escalope / cutlet
das	Schnitzel*brötchen*	– die Brötchen	Substantiv / Nomen Nominativ: *das* Genitiv: *des* Dativ: *dem* Akkusativ: *das*	ኣብ ባኒ ዝኣተወ ጥብስ ስጋ	sandwich filled with escalope / cutlet
der	Schnupfen	Sg.	Substantiv / Nomen Nominativ: *der* Genitiv: *des* Dativ: *dem* Akkusativ: *den*	ምዕርናስ/ምዕጻው ኣፍንጫ	cold
	schön	Das Bild *ist* sehr schön	Adjektiv	ጽቡቕ/ግሩም	beautiful
die	Schorl*e*	-n die Schorlen Getränk gemischt mit Mineralwasser und Wein	Substantiv / Nomen Nominativ: *die* Genitiv: *der* Dativ: *der* Akkusativ: *die*	ዝተቐጠነ ጽማቕ (ኣብነት ማይ ምስ ጽማቕ ተፋሒ)	juice or wine watered down with mineral water
der	Schrank	"-e die Schränke	Substantiv / Nomen Nominativ: *der* Genitiv: *des* Dativ: *dem* Akkusativ: *den*	ሳጹን/ኣርማዲዮ	cabinet, wardrobe
24	schreiben	*Schreiben* Sie den Text!	Verb	ምጽሓፍ	to write
die	Schreib*maschine*	-n die Maschinen	Substantiv / Nomen Nominativ: *die* Genitiv: *der* Dativ: *der* Akkusativ: *die*	ጽሓፊት ማኪና	type writer
der	Schrein*er*	– die Schreiner	Substantiv / Nomen Nominativ: *der* Genitiv: *des* Dativ: *dem* Akkusativ: *den*	ጸራባይ	carpenter

die	Schreinerin	-nen die Schreinerinnen	Substantiv / Nomen Nominativ: die Genitiv: der Dativ: der Akkusativ: die	ጸራባይ	carpenter
der	Schuh	-e die Schuhe	Substantiv / Nomen Nominativ: der Genitiv: des Dativ: dem Akkusativ: den	ሳእኒ/ጫማ	shoe
die	Schulausbildung	-en die Bildungen	Substantiv / Nomen Nominativ: die Genitiv: der Dativ: der Akkusativ: die	ትምህርታዊ ስልጠና/ትምህርቲ	schooling, school education
die	Schule	-n die Schulen	Substantiv / Nomen Nominativ: die Genitiv: der Dativ: der Akkusativ: die	ቤት ትምህርቲ	school
die	Schulter	-n die Schultern	Substantiv / Nomen Nominativ: die Genitiv: der Dativ: der Akkusativ: die	መንኩብ	shoulder
der	Schutzhelm	-e die Helme	Substantiv / Nomen Nominativ: der Genitiv: des Dativ: dem Akkusativ: den	መከላኸሊ ቆብዕ	protective helmet
der	Schweinebraten	– die Braten	Substantiv / Nomen Nominativ: der Genitiv: des Dativ: dem Akkusativ: den	ጥብሲ ስጋ ሓሰማ	roast pork
das	Schweinefleisch	Sg.	Substantiv / Nomen Nominativ: das Genitiv: des Dativ: dem Akkusativ: das	ስጋ ሓሰማ	pork
die	Schweiz	Sg.	Substantiv / Nomen Nominativ: die Genitiv: der Dativ: der Akkusativ: die	ስዊዘርላንድ	Switzerland
	schwer	Der Koffer ist schwer	Adjektiv	ከቢድ/ረዚን	difficult
die	Schwester	-n die Schwestern	Substantiv / Nomen Nominativ: die Genitiv: der Dativ: der Akkusativ: die	ሓውቲ /ሓብቲ	sister
das	Schwimmbad	"-er	Substantiv / Nomen	ማዕጸቢሲ	swimming pool

		die Bäder	Nominativ: das Genitiv: des Dativ: dem Akkusativ: das		
das	Schwimmen	Sg.	Substantiv / Nomen Nominativ: das Genitiv: des Dativ: dem Akkusativ: das	ምሕንባስ	swimming, the swim
der	Second-Hand- *Laden*	"- die Läden	Substantiv / Nomen Nominativ: der Genitiv: des Dativ: dem Akkusativ: den	ክዳን ካብ ካልኣይ ኢድ/ዝውቱር ክዳን	second hand / thrift shop
72	*sehen*		Verb	ምዊኣይ	to see
die	Sehenswürdig*keit*	-en die Sehenswürdigkeiten	Substantiv / Nomen Nominativ: die Genitiv: der Dativ: der Akkusativ: die	ተራኣይቲ ወይ ዝረኣዩ ቦታታት	sight
	sehr	Ich *mag* Kinder *sehr*	Adverb	ኣዝዩ/ያ ...	very
der	Seh*test* **831** **26534** 987521 352401	-s die Tests	Substantiv / Nomen Nominativ: der Genitiv: des Dativ: dem Akkusativ: den	ናይ ምርኣይ ፈተና	vision test
2	sein	Ich *bin* verheiratet	Verb sein	ናቱ	to be
	seit	Barbara *ist seit* 10 Jahren in Deutschland	Präposition	ካብ	here: for, also: since
die	Seit*e*	-n die Seiten	Substantiv / Nomen Nominativ: die Genitiv: der Dativ: der Akkusativ: die	ገጽ	page
der	Sekretär	-e die Sekretäre	Substantiv / Nomen Nominativ: der Genitiv: des Dativ: dem Akkusativ: den	ጸሓፊ	secretary
das	Sekretariat	-e die Sekretariate	Substantiv / Nomen Nominativ: das Genitiv: des Dativ: dem Akkusativ: das	ስክሬታርያ/ቤት ጽሕፈት	secretary´s office
die	Sekretärin	-nen die Sekretär*inn*en	Substantiv / Nomen Nominativ: die Genitiv: der Dativ: der Akkusativ: die	ጸሓፊት	secretary
die	Sekund*e*	-n die Sekunden	Substantiv / Nomen Nominativ: die Genitiv: der Dativ: der Akkusativ: die	ክልኢት/ሰከንድ	second
	selbst	Die Mutter *strickt* den Pullover selbst.	Partikel Adverb	ባዕልኻ/ኺ/ኾም/ኽን ..	self
	selbständig	Der Pizzabäcker *ist*	Adjektiv	ነፍስ-ሓየር	independant

		selbständig			
die	Selbstbedienung	Sg.	Substantiv / Nomen Nominativ: die Genitiv: der Dativ: der Akkusativ: die	ነፍሰ-ምግልጋል/ምሕጋዝ	self service
	selbstverständlich	Selbstverständlich darfst du keinen Alkohol trinken	Adjektiv	ነ ፍስ-ር ዳኢ	naturally, self-evident
	selektiv	selektieren = auswählen	Adjektiv	ምፁጽ/ሕሩይ	selective
der	Sellerie	Sg.	Substantiv / Nomen Nominativ: der Genitiv: des Dativ: dem Akkusativ: den	ሰለሪ	celery
	selten	Er betet selten	Adjektiv	ሳሕቲ	seldom
der	Seminarraum	"-e die Räume	Substantiv / Nomen Nominativ: der Genitiv: des Dativ: dem Akkusativ: den	ክፍሊ ሰሚናር	conference room
der	Semmelknödel	– die Knödel	Substantiv / Nomen Nominativ: der Genitiv: des Dativ: dem Akkusativ: den	ብጥሑን ድንሽ ዝኸበበ ዝብላዕ	bread dumplings
der	Senf	Sg.	Substantiv / Nomen Nominativ: der Genitiv: des Dativ: dem Akkusativ: den	ሰናፍጮ	mustard
	separat	Die Wohnung hat einen separaten Eingang	Adjektiv	ፍሉይ/ን በይኑ	separate
der	Service	-s die Services	Substantiv / Nomen Nominativ: der Genitiv: des Dativ: dem Akkusativ: den	ኣገልግሎት	service
	Servus!	= österreichisch für Guten Tag! / Auf Wiedersehen!	Nomen	ሰላም ኣበሃህላ (ኣብ ክፍሊ ሃገ ር ጀርመን ባየ ር)	Hello! / See you! (Austrian)
der	Sessel	– die Sessel	Substantiv / Nomen Nominativ: der Genitiv: des Dativ: dem Akkusativ: den	መንበር	armchair
	sicher	Ist das Auto auch sicher?	Adjektiv	ርግጽ	safe
die	Sie-Form	-en die Formen	Substantiv / Nomen Nominativ: die Genitiv: der Dativ: der Akkusativ: die	ናይ ኣኽብሮት/ኣቱም ኣትን	formal address
5	singen		Verb	ምዝማር/ምድራፍ	to sing
der	Singular	-e die Singular	Substantiv / Nomen Nominativ: der	ንጽል	singular

			Genitiv: *des* Dativ: *dem* Akkusativ: *den*		
der	Sinn	-e die Sinne	Substantiv / Nomen Nominativ: *der* Genitiv: *des* Dativ: *dem* Akkusativ: *den*	ቃም-ነገር	sense
die	Situat*ion*	-en die Situationen	Substantiv / Nomen Nominativ: *die* Genitiv: *der* Dativ: *der* Akkusativ: *die*	ኩነታት	situation
die	Skala	die Skalen	Substantiv / Nomen Nominativ: *die* Genitiv: *der* Dativ: *der* Akkusativ: *die*	ኣስካላ/መሳልል	scale
der	Sketch	-e/-s die Sketche die Sketches	Substantiv / Nomen Nominativ: *der* Genitiv: *des* Dativ: *dem* Akkusativ: *den*	ሓጻርቲ ፊልም/መስሓቓት	the sketch
der	Slip	-s die Slips	Substantiv / Nomen Nominativ: *der* Genitiv: *des* Dativ: *dem* Akkusativ: *den*		panties
	so	*So* Gott *will, sehen* wir uns wieder	Adverb	ከምዚ	so
	So viel?	Die Brille *kostet* 250€. *So viel?*	Pronomen	ክንድ እዚ፧	So much?
die	Sock*e*	-n die Socken	Substantiv / Nomen Nominativ: *die* Genitiv: *der* Dativ: *der* Akkusativ: *die*	ካልሲ	sock
	sofort	*Kannst* du mir *sofort helfen*?	Adverb	ብህጹጽ	immediately
der	Sohn	¨-e die Söhne	Substantiv / Nomen Nominativ: *der* Genitiv: *des* Dativ: *dem* Akkusativ: *den*	ወዲ (ውላድ)	son
der	Sommer	– die Sommer	Substantiv / Nomen Nominativ: *der* Genitiv: *des* Dativ: *dem* Akkusativ: *den*	ሓጋይ	summer
die	Sommer*hose*	-n die Hosen	Substantiv / Nomen Nominativ: *die* Genitiv: *der* Dativ: *der* Akkusativ: *die*	ስረ ሓጋይ	summer pants
das	Sonder*angebot*	-e die Angebote	Substantiv / Nomen Nominativ: *das* Genitiv: *des* Dativ: *dem* Akkusativ: *das*	ፍሉይ ዋጋ	special offer

der	Sonn*tag*	-e die Sonntage *Abkürzung* So.	Substantiv / Nomen Nominativ: *der* Genitiv: *des* Dativ: *dem* Akkusativ: *den*	ሰንበት	Sunday
das	Sonstig*e*	Sg. ohne Artikel: Sonstiges Essen, Kleidung und Sonstiges	Substantiv / Nomen Nominativ: *das* Genitiv: *des* Dativ: *dem* Akkusativ: *das*	ካልእ/	other
die	Soß*e*	-n die Soßen	Substantiv / Nomen Nominativ: *die* Genitiv: *der* Dativ: *der* Akkusativ: *die*	ስጎ/ጸብሒ	sauce
die	Spaghetti	*Pl.*	Substantiv / Nomen Nominativ: *die* Genitiv: *der* Dativ: *der* Akkusativ: *die*	ሰፓጌቲ	spaghetti
die	Spar*kasse*	-n die Sparkassen	Substantiv / Nomen Nominativ: *die* Genitiv: *der* Dativ: *der* Akkusativ: *die*	ሽጋር ካሰ/ባንኪ	savings bank
der	Spaß	"-e die Späße	Substantiv / Nomen Nominativ: *der* Genitiv: *des* Dativ: *dem* Akkusativ: *den*	ደስታ/ሓጎስ	fun
	spät	Mokhtar, *bist* wieder zu *spät*.	Adjektiv	ደሓር (ጊዜ፡ ሰዓት ክንደይ ኣሎ)	late (How late is it? What time is it?)
	später	Wir *kommen später*	Adjektiv	ደሓር	later
37	*spazieren gehen*		Verb sein	ምዘዋር/ዙሮት	to go for a walk
der	Spazier*gang*	"-e die Gänge	Substantiv / Nomen Nominativ: *der* Genitiv: *des* Dativ: *dem* Akkusativ: *den*	ዙሮት/ሸርሸር	walk
die	Sped*ition*	-en die Speditionen	Substantiv / Nomen Nominativ: *die* Genitiv: *der* Dativ: *der* Akkusativ: *die*	መጎዓዝያ	shipping company
die	Spei*se*	-n die Speisen	Substantiv / Nomen Nominativ: *die* Genitiv: *der* Dativ: *der* Akkusativ: *die*	መግቢ	dish, food
die	Speise*karte*	-n die Karten	Substantiv / Nomen Nominativ: *die* Genitiv: *der* Dativ: *der* Akkusativ: *die*	ዝርዝር መግቢ ኣብ ቤት-መግቢ	menu
der	Spiegel	– die Spiegel	Substantiv / Nomen Nominativ: *der* Genitiv: *des* Dativ: *dem* Akkusativ: *den*	መረኜን/መስትያት	mirror

das	Spiel	-e die Spiele	Substantiv / Nomen Nominativ: das Genitiv: des Dativ: dem Akkusativ: das	ጸወታ	game
4	spielen	Kinder spielen gerne Fußball	Verb	ምጽዋት/ምጫሃይ	to act, to act out
4	spielen		Verb	ምጽዋት	to play (to play a game with coins)
4	spielen		Verb	ምጽዋት	frequently
der	Spielplatz	"-e die Plätze	Substantiv / Nomen Nominativ: der Genitiv: des Dativ: dem Akkusativ: den	መጻወቲ ጎልጎል	playground
die	Spielzeit	-en die Zeiten	Substantiv / Nomen Nominativ: die Genitiv: der Dativ: der Akkusativ: die	ጊዜ ጸወታ	playing time
der	Sport	Sg.	Substantiv / Nomen Nominativ: der Genitiv: des Dativ: dem Akkusativ: den	ስፖርት/ምውስዋስ ኣካላት	sport
die	Sporthalle	-n die Hallen	Substantiv / Nomen Nominativ: die Genitiv: der Dativ: der Akkusativ: die	ኣደራሽ ስፖረት	gymnasium
die	Sportmöglichkeit	-en die Möglichkeiten	Substantiv / Nomen Nominativ: die Genitiv: der Dativ: der Akkusativ: die	ናይ ስፖርት ዕድላት	possibility for sports
der	Sportschuh	-e die Schuhe	Substantiv / Nomen Nominativ: der Genitiv: des Dativ: dem Akkusativ: den	ሳእኒ ስፖርት	sports shoe
die	Sprache	-n die Sprachen	Substantiv / Nomen Nominativ: die Genitiv: der Dativ: der Akkusativ: die	ቋንቋ	language
der	Sprachenname	-n die Namen	Substantiv / Nomen Nominativ: der Genitiv: des Dativ: dem Akkusativ: den	ስም ቋንቋ	name of a language
der	Sprachkurs	-e die Kurse	Substantiv / Nomen Nominativ: der Genitiv: des Dativ: dem Akkusativ: den	ትምህርቲ ቋንቋ	language course
25	sprechen	Sprechen Sie laut	Verb	ምዝራብ	to speak
die	Sprechstunden- hilfe	-n die Hilfen	Substantiv / Nomen Nominativ: die Genitiv: der Dativ: der	ሓገዝ ንዘርርብ (ምስ ሓኪም..ወዘተ)	doctor´s assistant

das	Sprech*zimmer*	– die Zimmer	Akkusativ: *die* Substantiv / Nomen Nominativ: *das* Genitiv: *des* Dativ: *dem* Akkusativ: *das*	እንዳ/ክፍሊ ዝርርብ	treatment room
der	Spruch	"-e die Sprüche	Substantiv / Nomen Nominativ: *der* Genitiv: *des* Dativ: *dem* Akkusativ: *den*	ዘረባ/ዝርቢት	the saying, rhyme
die	Stadt	"-e die Städte	Substantiv / Nomen Nominativ: *die* Genitiv: *der* Dativ: *der* Akkusativ: *die*	ከተማ	city, town
der	Städte*name*	-n die Namen	Substantiv / Nomen Nominativ: *der* Genitiv: *des* Dativ: *dem* Akkusativ: *den*	ስማት ከተማታት	name of a city
das	Stadt*fest*	-e die Feste	Substantiv / Nomen Nominativ: *das* Genitiv: *des* Dativ: *dem* Akkusativ: *das*	በዓል ከተማ'ንግደት	city festival
der	Stadt*plan*	"-e die Pläne	Substantiv / Nomen Nominativ: *der* Genitiv: *des* Dativ: *dem* Akkusativ: *den*	ስእሊ ከተማ	city map
der	Stadt*rand*	"-er die Ränder	Substantiv / Nomen Nominativ: *der* Genitiv: *des* Dativ: *dem* Akkusativ: *den*	ጫፍ/ወሰን ከተማ	suburbia, outskirts
die	Stadt*verwalt*ung	-en die Verwaltungen	Substantiv / Nomen Nominativ: *die* Genitiv: *der* Dativ: *der* Akkusativ: *die*	ምምሕዳር ከተማ	city administration
das	Stadt*zentrum*	- die Zentren	Substantiv / Nomen Nominativ: *das* Genitiv: *des* Dativ: *dem* Akkusativ: *das*	ማእከል ከተማ	city center
der	Stand*ort*	-e die Orte	Substantiv / Nomen Nominativ: *der* Genitiv: *des* Dativ: *dem* Akkusativ: *den*	ስፍራ	location
der	Start	-s die Starts	Substantiv / Nomen Nominativ: *der* Genitiv: *des* Dativ: *dem* Akkusativ: *den*	ፈለማ/መጀመርታ	start
die	Stat*ion*	-en die Stationen	Substantiv / Nomen Nominativ: *die* Genitiv: *der* Dativ: *der*	ነቀጣ/	stop

die	Statistik	-en die Statistiken	Akkusativ: die Substantiv / Nomen Nominativ: die Genitiv: der Dativ: der Akkusativ: die	ጸብጻባት/ስታቲስቲክስ	statistics
der	Staub*sauger*	– die Staubsauger	Substantiv / Nomen Nominativ: der Genitiv: des Dativ: dem Akkusativ: den	ሰሓቢት-ደርና ማኪና/መጽረዪት	vacuum cleaner, sweeper
das	Steak	-s die Steaks	Substantiv / Nomen Nominativ: das Genitiv: des Dativ: dem Akkusativ: das	ብስተካ	steak
der	Steck*brief*	-e die Briefe	Substantiv / Nomen Nominativ: der Genitiv: des Dativ: dem Akkusativ: den	መንነት ዝሕብር ሓጺር ሓበሬታ(ኣብነት ስም: ዕድመ...)	profile, personal description
78	stehen	Das *steht* nicht im Text. Der Rock *steht* Ihnen. Du stehst vor mir und schaust mich an.	Verb haben + sein	ጠጠው ምባል/ደው ምባል/ምቋም	to stand; here: to be (This is not in the text.)
24	steigen	Mein Blutdruck *steigt*	Verb sein	ምዃራድ	to rise
die	Stell*e*	-n die Stellen *Arbeitsstelle, Arbeitsplatz*	Substantiv / Nomen Nominativ: die Genitiv: der Dativ: der Akkusativ: die	ሰፈር/ቦታ	position (work position)
4	stellen		Verb sichA	ምቕማጥ/ምንባር	to put
die	Stellen*anzeige*	-n die Anzeigen	Substantiv / Nomen Nominativ: die Genitiv: der Dativ: der Akkusativ: die	መመልከቲ ስራሕ	job ad
die	Steuer	-n die Steuern	Substantiv / Nomen Nominativ: die Genitiv: der Dativ: der Akkusativ: die	ቀረጽ/ግብሪ	tax
der	Steward	-s die Stewards	Substantiv / Nomen Nominativ: der Genitiv: des Dativ: dem Akkusativ: den	ኣቲ ሆስተስ	steward
die	Stewardess	-en die Stewardessen	Substantiv / Nomen Nominativ: die Genitiv: der Dativ: der Akkusativ: die	ኢታ ሆስተስ	stewardess
das	Stich*wort*	-e/¨-er die Wörter die Worte	Substantiv / Nomen Nominativ: das Genitiv: des Dativ: dem Akkusativ: das	ማከሪ ነ ጥቢታት	note
der	Stiefel	– die Stiefel	Substantiv / Nomen Nominativ: der	ነዊሕ ሳእኒ	boot

			Genitiv: des Dativ: dem Akkusativ: den		
die	Stiftung	-en die Stiftungen	Substantiv / Nomen Nominativ: die Genitiv: der Dativ: der Akkusativ: die	ግብረ-ሰናይ ማሕበር	foundation
das	Stipendium	die Stipendien	Substantiv / Nomen Nominativ: das Genitiv: des Dativ: dem Akkusativ: das	ማእደረ=ትምህርቲ/ስኮላር ሺፕ	stipend, scholarship
der	Stock	- 1. Stock, 2. Stock ... Plural nur in Verbindung mit Zahlenangaben das Haus hat zwei Stock, ist zwei Stock hoch; ein Haus von drei Stock	Substantiv / Nomen Nominativ: der Genitiv: des Dativ: dem Akkusativ: den	ደርቢ	floor (levels in building)
der	Strand	"-e die Strände	Substantiv / Nomen Nominativ: der Genitiv: des Dativ: dem Akkusativ: den	ገምገም ባሕሪ	beach
die	Straße	-n die Straßen	Substantiv / Nomen Nominativ: die Genitiv: der Dativ: der Akkusativ: die	ጎደና/ጽርግያ	street
die	Straßenbahn	-en die Bahnen	Substantiv / Nomen Nominativ: die Genitiv: der Dativ: der Akkusativ: die	ባቡር ከተማ	streetcar, tram
der	Straßenbahnfahrer	– die Fahrer	Substantiv / Nomen Nominativ: der Genitiv: des Dativ: dem Akkusativ: den	መራሕ ባቡር ከተማ	streetcar / tram driver
die	Straßenbahn-fahrerin	-nen die Fahrerinnen	Substantiv / Nomen Nominativ: die Genitiv: der Dativ: der Akkusativ: die	መራሒት ባቡር ከተማ	streetcar / tram driver
die	Straßenbahn-haltestelle	-n die Stellen	Substantiv / Nomen Nominativ: die Genitiv: der Dativ: der Akkusativ: die	መዕረፊ ባቡር ከተማ	streetcar / tram stop
die	Straßenbahnlinie	-n die Linien	Substantiv / Nomen Nominativ: die Genitiv: der Dativ: der Akkusativ: die	መስመር ባቡር ከተማ	streetcar line
der	Stress	Sg.	Substantiv / Nomen Nominativ: der Genitiv: des Dativ: dem Akkusativ: den	ጸቕጢ	stress

die	Struktur	-en die Strukturen	Substantiv / Nomen Nominativ: *die* Genitiv: *der* Dativ: *der* Akkusativ: *die*	ቅርጺ/መስርዕ	structure
der	Strumpf	"-e die Strümpfe	Substantiv / Nomen Nominativ: *der* Genitiv: *des* Dativ: *dem* Akkusativ: *den*	ነዊሕ ካልሲ/	stocking
die	Strumpf*abteilung*	-en die Abteilungen	Substantiv / Nomen Nominativ: *die* Genitiv: *der* Dativ: *der* Akkusativ: *die*	እንዳ/ክፍሊ ነዊሕ ካልሲ/ኣብ ዱካን	hosiery, sock department
die	Strumpf*hose*	-n die Hosen	Substantiv / Nomen Nominativ: *die* Genitiv: *der* Dativ: *der* Akkusativ: *die*	ካልሲ ስረ	tights, pantyhose
das	Stück	-e die Stücke	Substantiv / Nomen Nominativ: *das* Genitiv: *des* Dativ: *dem* Akkusativ: *das*	ቀዪጽ/ምቓል/ክፋል	piece
der	Student	-en die Studenten	Substantiv / Nomen Nominativ: *der* Genitiv: *des* Dativ: *dem* Akkusativ: *den*	ተመሃሪ ዩኒቨርሲቲ	student (at the university)
die	Studentin	-nen die Studenti*nn*en	Substantiv / Nomen Nominativ: *die* Genitiv: *der* Dativ: *der* Akkusativ: *die*	ተመሃሪት ዩኒቨርሲቲ	student (at the university)
4 ~~ge~~	*studieren*		Verb	ምጽናዕ/ምምሃር ኣብ ዩኒቨርሲቲ	to study (university)
der	Stuhl	"-e die Stühle	Substantiv / Nomen Nominativ: *der* Genitiv: *des* Dativ: *dem* Akkusativ: *den*	መንበር/ሰደያ	chair
die	Stund*e*	-n die Stunden	Substantiv / Nomen Nominativ: *die* Genitiv: *der* Dativ: *der* Akkusativ: *die*	ሰዓት (60 ደቓይቅ)	hour
der	Stunden*lohn*	"-e die Löhne	Substantiv / Nomen Nominativ: *der* Genitiv: *des* Dativ: *dem* Akkusativ: *den*	ናይ ሰዓት መሃያ	hourly wage
das	Subjekt	-e die Subjekte	Substantiv / Nomen Nominativ: *das* Genitiv: *des* Dativ: *dem* Akkusativ: *das*	በዓል-ቤት	subject
4	suchen	Du *suchts* immer dein Wörterbuch!	Verb	ምጽላይ/ምንዳይ	to look for
der	Süden	Sg.	Substantiv / Nomen	ደቡብ	South

			Nominativ: der Genitiv: des Dativ: dem Akkusativ: den		
	super	superbequem, supergeheim, superweich keine Steigerung	Adjektiv	ቃል አጋንኖ (ድንቂ)	super
die	Superlativform	-en die Formen	Substantiv / Nomen Nominativ: die Genitiv: der Dativ: der Akkusativ: die	መስተዋድድ/ኣብ ሰዋሱው	superlative form
der	Supermarkt	¨-e die Märkte	Substantiv / Nomen Nominativ: der Genitiv: des Dativ: dem Akkusativ: den	ሱፐር ማርኬት	supermarket
die	Suppe	-n die Suppen	Substantiv / Nomen Nominativ: die Genitiv: der Dativ: der Akkusativ: die	መረቅ	soup
	süß	Das Baby ist so süß	Adjektiv	ምቁር/ሽኮር	sweet
	systematisch	Wir arbeiten systematisch	Adjektiv	ስስተማቲክ/ብሞዲብ	systematic
die	Szene	-n die Szenen	Substantiv / Nomen Nominativ: die Genitiv: der Dativ: der Akkusativ: die	ቦታ ፍጻመ/ትርኢት ኣብነት ትያትር	scene
die	Tabelle	-n die Tabellen	Substantiv / Nomen Nominativ: die Genitiv: der Dativ: der Akkusativ: die	ሰሌዳ/ሰንጠረጅ	table
die	Tablette	-n die Tabletten	Substantiv / Nomen Nominativ: die Genitiv: der Dativ: der Akkusativ: die	ከኒና	pill
die	Tafel	-n die Schultafeln	Substantiv / Nomen Nominativ: die Genitiv: der Dativ: der Akkusativ: die	መጽሓፊ-ሰሌዳ	chalkboard
der	Tag	-e die Tage	Substantiv / Nomen Nominativ: der Genitiv: des Dativ: dem Akkusativ: den	መዓልቲ	day
der	Tagesablauf	¨-e die Abläufe	Substantiv / Nomen Nominativ: der Genitiv: des Dativ: dem Akkusativ: den	መዓልታዊ መደብ	course of the day
die	Tagessuppe	-n die Suppen	Substantiv / Nomen Nominativ: die Genitiv: der Dativ: der	መረቅ (ናይ'ቲ መዓልቲ)	today's soup on the menu

Artikel	Wort	Plural	Wortart	Tigrinya	English
	täglich		Akkusativ: die Adjektiv	መዓልታዊ	daily
die	Tankstelle	-n die Stellen	Substantiv / Nomen Nominativ: die Genitiv: der Dativ: der Akkusativ: die	መዓደል ነዳዲ	gas / patrol station
die	Tante	-n die Tanten	Substantiv / Nomen Nominativ: die Genitiv: der Dativ: der Akkusativ: die	ኣሞ	aunt
der	Tante-Emma-Laden	"- die Läden	Substantiv / Nomen Nominativ: der Genitiv: des Dativ: dem Akkusativ: den	ዱኳን ኣደይ ኩሉ ሓሙሽተ	mom-and-pop-shop
die	Tasse	-n die Tassen	Substantiv / Nomen Nominativ: die Genitiv: der Dativ: der Akkusativ: die	ጣሳ	cup
die	Tätigkeit	-en die Tätigkeiten	Substantiv / Nomen Nominativ: die Genitiv: der Dativ: der Akkusativ: die	ስራሕ/ንጥፈት	occupation
4	tauschen		Verb	ምጥዋጥ/ምቕያር	to exchange
der	Tee	-s die Tees	Substantiv / Nomen Nominativ: der Genitiv: des Dativ: dem Akkusativ: den	ሻሂ	tea
der	Teil	-e die Teile zum Teil	Substantiv / Nomen Nominativ: der Genitiv: des Dativ: dem Akkusativ: den	ክፋል/ኣካል/ግማዕ	part (in part, partly)
der	Teilnehmer	– die Teilnehmer	Substantiv / Nomen Nominativ: der Genitiv: des Dativ: dem Akkusativ: den	ተሳታፌ/ተኻፋሊ	participant
die	Teilnehmerin	-nen die Teilnehmerinnen	Substantiv / Nomen Nominativ: die Genitiv: der Dativ: der Akkusativ: die	ተሳታፌት/ተኻፋሊት	participant
das	Telefon	-e die Telefone	Substantiv / Nomen Nominativ: das Genitiv: des Dativ: dem Akkusativ: das	ተሌፎን	telephone
das	Telefonbuch	"-er die Bücher	Substantiv / Nomen Nominativ: das Genitiv: des Dativ: dem Akkusativ: das	ማዘገብ ተሌፎን	telephone book
das	Telefongespräch	-e die Gespräche	Substantiv / Nomen Nominativ: das	ዝርርብ ተሌፎን	telephone conversation

				Genitiv: *des* Dativ: *dem* Akkusativ: *das*		
18 ~~ge~~		*telefonieren*	Frauen *telefonieren* gerne	*Verb*	ተሌፎን ምዲዋል	to telephone
die	Telefon*nummer*	-n die Nummern *Abkürzung* Tel.	Substantiv / Nomen Nominativ: *die* Genitiv: *der* Dativ: *der* Akkusativ: *die*	ቁጽሪ ተሌፎን	telephone number
der	Teller	– die Teller	Substantiv / Nomen Nominativ: *der* Genitiv: *des* Dativ: *dem* Akkusativ: *den*	ብያቲ	plate
das	Tennis	Sg. Boris Becker und Stefi Graf spielten Tennis	Substantiv / Nomen Nominativ: *das* Genitiv: *des* Dativ: *dem* Akkusativ: *das*	ተኒስ	tennis
die	Tennis*halle*	-n die Hallen	Substantiv / Nomen Nominativ: *die* Genitiv: *der* Dativ: *der* Akkusativ: *die*	ኣደራሽ ተኒስ	tennis hall
der	Termin	-e die Termine	Substantiv / Nomen Nominativ: *der* Genitiv: *des* Dativ: *dem* Akkusativ: *den*	ቆጸራ	appointment
der	Termin*kalender*	– die Kalender	Substantiv / Nomen Nominativ: *der* Genitiv: *des* Dativ: *dem* Akkusativ: *den*	ዓውደ-ኣዋርሕ	personal agenda
der	Test	-s die Tests	Substantiv / Nomen Nominativ: *der* Genitiv: *des* Dativ: *dem* Akkusativ: *den*	ፈተና	test
4, 11		*testen*	Ich *teste* regelmäßig meine Sätze	*Verb*	ምፍታን	to test
	teuer	Das Handy *ist* teuer	Adjektiv	ክቡር	expensive
der	Text	-e die Texte	Substantiv / Nomen Nominativ: *der* Genitiv: *des* Dativ: *dem* Akkusativ: *den*	ጽሑፍ	text
das	Theater	– die Theater	Substantiv / Nomen Nominativ: *das* Genitiv: *des* Dativ: *dem* Akkusativ: *das*	ትያትር/ተዋስኦ	theater
das	Thema	die Themen	Substantiv / Nomen Nominativ: *das* Genitiv: *des* Dativ: *dem* Akkusativ: *das*	ዛዕባ/ኣርእስቲ	topic, theme
die	Thüringer Brat*wurst*	"-e die Würste	Substantiv / Nomen Nominativ: *die*	ብከተማ ቱሪንግን ዝጸዓዕ ዝጥበስ	frying sausage from Thuringia

			Genitiv: der Dativ: der Akkusativ: die	ሰሊሕ ስጋ	
das	Ticket	-s die Tickets	Substantiv / Nomen Nominativ: das Genitiv: des Dativ: dem Akkusativ: das	ቲኬት (ማኅተዊ፡ ማዄዓዚ)	ticket
der	Tipp	-s die Tipps	Substantiv / Nomen Nominativ: der Genitiv: des Dativ: dem Akkusativ: den	ጠቃሚ ሐበሬታ	hint, tip
der	Tisch	-e die Tische	Substantiv / Nomen Nominativ: der Genitiv: des Dativ: dem Akkusativ: den	ጣውላ	table
	tja	*Tja*, so genau *weiß* ich es auch nicht.	Interjektion		well ...
die	Tochter	”- die Töchter	Substantiv / Nomen Nominativ: die Genitiv: der Dativ: der Akkusativ: die	ጓል (ውላድ ጓል - ኣብነት ጓላይ)	daughter
die	Toilette	-n die Toiletten	Substantiv / Nomen Nominativ: die Genitiv: der Dativ: der Akkusativ: die	ሽንቲ-ቤት/ሽቓቕ	toilet
	toll	Dein Handy *ist toll* Daumen nach oben bedeutet in Deutschland *toll*	Adjektiv	ጽቡቕ	great
die	Tomate	-n die Tomaten	Substantiv / Nomen Nominativ: die Genitiv: der Dativ: der Akkusativ: die	ኮሚዶረ	tomato
der	Tomate*nsalat*	-e die Salate	Substantiv / Nomen Nominativ: der Genitiv: des Dativ: dem Akkusativ: den	ጽማቕ ኮሚዶር	tomato salad
die	Tomate*nsuppe*	-n die Suppen	Substantiv / Nomen Nominativ: die Genitiv: der Dativ: der Akkusativ: die	መረቀ ኮሚዶረ	tomato soup
der	Toningenieur	-e die Ingenieure	Substantiv / Nomen Nominativ: der Genitiv: des Dativ: dem Akkusativ: den	ናይ ድምጺ መሃንድስ	sound engineer
die	Toningenieurin	-nen die Ingenieur*innen*	Substantiv / Nomen Nominativ: die Genitiv: der Dativ: der	ናይ ድምጺ መሃንድስ	sound engineer

die	Touristen-*information*	-en die Informationen	Akkusativ: *die* Substantiv / Nomen Nominativ: *die* Genitiv: *der* Dativ: *der* Akkusativ: *die*	ሓበሬታ ቱሪዝም	tourist information
82	*tragen*		Verb	ምኽዳን (ክዳን) ምክኣም	to wear
der	Trainings*anzug*	¨-e die Anzüge	Substantiv / Nomen Nominativ: *der* Genitiv: *des* Dativ: *dem* Akkusativ: *den*	ክዳን ስፖርት	sweat / gym suit
der	Traum*beruf*	-e die Berufe	Substantiv / Nomen Nominativ: *der* Genitiv: *des* Dativ: *dem* Akkusativ: *den*	ዝሕለም ሞያ/በልቢ ኣተፊትዎ ሞያ	dream job
der	Treff*punkt*	-e die Punkte	Substantiv / Nomen Nominativ: *der* Genitiv: *des* Dativ: *dem* Akkusativ: *den*	መራኸቢ ቦታ	meeting point
	trennbar	*trennbare* Verben	Adjektiv	ተመቓሊ/ተኸፋሊ/ተፈላዪ	separable
	trennbare Verben	*ein.kaufen* Ich *kaufe* jeden Tag 3 Brötchen *ein*	Adjektiv + Nomen	ተፈላዪ ግሲ	separable verbs
4	*trennen*		Verb sich A	ምፍላይ/ምምቓል	to separate
77	*trinken*	Ich *trinke* gerne Cola	Verb	ምኽታይ	to drink
das	Trinken	Sg.	Substantiv / Nomen Nominativ: *das* Genitiv: *des* Dativ: *dem* Akkusativ: *das*	ምኽታይ	drinking
	trocken	Die Haare sind *trocken*	Adjektiv	ደረቕ/ንቑጽ	dry
4	*trocknen*		Verb haben + sein	ንቑጽ	to dry
der	Tropfen	– die Tropfen	Substantiv / Nomen Nominativ: *der* Genitiv: *des* Dativ: *dem* Akkusativ: *den*	ነጥቢ/ንጣብ	drop
	Tschüs!	ciao	Grußwort / Interjektion	ቻወሰላም ወዓል/ሕደር….	See you!
das	T-Shirt	-s die Shirts	Substantiv / Nomen Nominativ: *das* Genitiv: *des* Dativ: *dem* Akkusativ: *das*	ማኢያ	T-shirt
85	*tun*		Verb	ምግባር	to do
die	Tür	-en die Türen	Substantiv / Nomen Nominativ: *die* Genitiv: *der* Dativ: *der* Akkusativ: *die*	ማዕጾ	door
der	Turn*verein*	-e die Vereine	Substantiv / Nomen Nominativ: *der*	ጂምናስቲክ ክለብ	sports club

			Genitiv: des Dativ: dem Akkusativ: den		
die	Tüte	-n die Tüten	Substantiv / Nomen Nominativ: die Genitiv: der Dativ: der Akkusativ: die	መትሓዚ ፕላስቲክ/ንእሽቶ ሎቔታ	paper bag
	typisch	*Typisch* Mann	Adjektiv	ፍሉይ	typical
die	U-Bahn	-en die Bahnen	Substantiv / Nomen Nominativ: die Genitiv: der Dativ: der Akkusativ: die	ባቡር ትሕተ-ባይታ	underground train, subway
die	U-Bahn-*Linie*	-n die Linien	Substantiv / Nomen Nominativ: die Genitiv: der Dativ: der Akkusativ: die	መስመር ባቡር ትሕተ-ምድሪ	underground line
4	üben	*Üben* Sie die Nomen mit Plural und Artikel!!	Verb sichA	ልምምዕ	to practice
	über	Der Himmel *über* Darmstadt *ist* blau	Präposition	ልዕሊ/·ብልዕሊ.	over, above
	über	+ A./D.	Präposition / Adverb	ብዘዕባ/ልዕሊ.	here: more than
	überhaupt nicht	Ich *verstehe überhaupt nicht.*	Adverb	ዋላ 'ኳ	not at all
	übermorgen	Meine Eltern *kommen übermorgen.*	Adverb	ድሕሪ ጽባሕ	day after tomorrow
die	Überrasch*ung*	-en die Überraschungen	Substantiv / Nomen Nominativ: die Genitiv: der Dativ: der Akkusativ: die	ኣገራሚ/ድህለላ (ኣዳህላሊ)	surprise
die	Übersicht	-en die Übersichten	Substantiv / Nomen Nominativ: die Genitiv: der Dativ: der Akkusativ: die	ሓፈሻዊ ጠመተ	overview
die	Über*stunde*	-n die Stunden	Substantiv / Nomen Nominativ: die Genitiv: der Dativ: der Akkusativ: die	ዝያዳ ሰዓት	overtime
die	Überweis*ung*	-en die Weisungen	Substantiv / Nomen Nominativ: die Genitiv: der Dativ: der Akkusativ: die	መመሓላለፊ ወረቐት	medical transfer
die	Üb*ung*	-en die Übungen	Substantiv / Nomen Nominativ: die Genitiv: der Dativ: der Akkusativ: die	ልምምድ	exercise
die	Uhr	-en die Uhren	Substantiv / Nomen Nominativ: die Genitiv: der Dativ: der Akkusativ: die	ሰዓት	clock (not on he wrist)

die	Uhr*zeit*	-en die Zeiten	Substantiv / Nomen Nominativ: *die* Genitiv: *der* Dativ: *der* Akkusativ: *die*	ጊዜ (ናይ ሰዓት)	time
der	Ultra*schall*	Sg.	Substantiv / Nomen Nominativ: *der* Genitiv: *des* Dativ: *dem* Akkusativ: *den*	ኡልትራሶኒክ (ኣብ ሕክምና ንመርመሪ ዘገልግል መሳርሒ)	ultra sound, echo
der	Ultraschall*test*	-s die Tests	Substantiv / Nomen Nominativ: *der* Genitiv: *des* Dativ: *dem* Akkusativ: *den*	መርመራ ኡልትራሶኒክ	ultrasound exam
	um	ungefähr, etwa es hat so um die hundert Euro gekostet	AdverbPräposition	ኣብ፣ ክባቢ (ሰዓት ሓደ)	at (temporal)
24	um.steigen		Verb trennbar sein	ምቕያር ባቡር/ማኪና	to change trains / buses
91	um.ziehen	Wann *ziehst* du in die neue Wohnung um? Ich *ziehe* mich schnell um (Kleider)	Verb trennbar sichA haben + sein	ምግዓዝ/ምቕያር	to move
die	Umkleide*kabine*	-n die Kabinen	Substantiv / Nomen Nominativ: *die* Genitiv: *der* Dativ: *der* Akkusativ: *die*	መቐየሪ ክዳን ኣብ ዱኳን	changing booth
die	Um*schulung*	-en die Schulungen	Substantiv / Nomen Nominativ: *die* Genitiv: *der* Dativ: *der* Akkusativ: *die*	ተወሳኺ ትምህርታዊ ስልጠና	retraining
der	Umzug	"-e die Züge	Substantiv / Nomen Nominativ: *der* Genitiv: *des* Dativ: *dem* Akkusativ: *den*	ምግዓዝ (ገዛ...)	move
	unbestimmt	Unbestimmte Artikel	Adjektiv	ዘይውሱን/ዘይፍሉይ	indefinite
	unbestimmt	unbestimmtes Fürwort (für *Indefinitpronomen*)	Adjektiv	ውሱን/ፍሉይ	definite
	unbetont	unbetonte Wörter	Adjektiv	ዘይድምጽ	unstressed, not stressed
	und	Ich *trank* heute Kaffee, Wasser und Tee.	Konjunktion	ን (ኣነን ዓርከይን)፣ ከ (ኣነ ሜ እብሃል እስኻ ከ)	and
	Und wie!	*Freust* du dich? Und wie!	Konjunktion	ከመይ ደኣ ከ!	and how!
der	Unfall*arzt*	"-e die Ärzte	Substantiv / Nomen Nominativ: *der* Genitiv: *des* Dativ: *dem* Akkusativ: *den*	እቲ ሓኪም ሓደጋ	emergency doctor
die	Unfall*ärztin*	-nen die Ärzti*nn*en	Substantiv / Nomen Nominativ: *die* Genitiv: *der* Dativ: *der*	እታ ሓኪም ሓደጋ	emergency doctor

	ungefähr	Ich weiß nicht genau	Adjektiv	ብግምት/ኣስታት	about
die	Universität	-en die Universitäten	Substantiv / Nomen Nominativ: die Genitiv: der Dativ: der Akkusativ: die	ዩኒቨርሲቲ	university
	unter	+ A./D.	Präposition	ትሕቲ/ብትሕቲ	under
das	Untergeschoss	-e die Geschosse	Substantiv / Nomen Nominativ: das Genitiv: des Dativ: dem Akkusativ: das	ትሕተ=ባይታ	basement, lower floor
die	Unterhose	-n die Hosen	Substantiv / Nomen Nominativ: die Genitiv: der Dativ: der Akkusativ: die	ሙታንቲ	underpants
der	Unterricht	Sg.	Substantiv / Nomen Nominativ: der Genitiv: des Dativ: dem Akkusativ: den	ትምህርቲ	class instruction
4 ge	unterrichten		Verb	ምማር	to teach, to instruct
24 ge	unterschreiben	Hier unterschreiben	Verb	ምፍራም/ምኽታም	to sign
4 ge	untersuchen		Verb	ምጥማት	to examine
der	Untertitel	– die Titel	Substantiv / Nomen Nominativ: der Genitiv: des Dativ: dem Akkusativ: den	ኣግረ-ጽሑፍ (ኣብ ኣግሪ ፊልም፤ ዝጽሓፍ ትርጉም)	subtitle
die	Unterwäsche	Sg.	Substantiv / Nomen Nominativ: die Genitiv: der Dativ: der Akkusativ: die	ክዳን ውሽጢ (ሙታነቲ..)	underwear
	unterwegs	Mein Vater ist viel unterwegs.	Adverb	ኣብ መገዲ	on the way
der	Urlaub	-e die Urlaube	Substantiv / Nomen Nominativ: der Genitiv: des Dativ: dem Akkusativ: den	ዕረፍቲ	leave (from work)
	usw.	= und so weiter	Konjunktion	ወዘተ	and so forth
das	Vanilleeis	Sg.	Substantiv / Nomen Nominativ: das Genitiv: des Dativ: dem Akkusativ: das	ጀላቶ-ባኒለ	vanilla ice cream
die	Vase	-n die Vasen	Substantiv / Nomen Nominativ: die Genitiv: der Dativ: der Akkusativ: die	ባዞ	vase
der	Vater	"- die Väter	Substantiv / Nomen Nominativ: der Genitiv: des Dativ: dem Akkusativ: den	ኣቦ	father

	vegetarisch	fleischlos, pflanzlich	Adjektiv	መግቢ ኣሕምልቲ	vegetarian
die	Verabred*ung*	-en die Verabredungen	Substantiv / Nomen Nominativ: *die* Genitiv: *der* Dativ: *der* Akkusativ: *die*	ቄጸራ/ዋዕላ	date, arrangement for a meeting
die	Veranstalt*ung*	-en die Veranstaltungen	Substantiv / Nomen Nominativ: *die* Genitiv: *der* Dativ: *der* Akkusativ: *die*	ኣኼባ	event
das	Verb	-en die Verben	Substantiv / Nomen Nominativ: *das* Genitiv: *des* Dativ: *dem* Akkusativ: *das*	ግሲ/ግስ (ኣንቀጽ)	verb
der	Ver*band*	"-e die Verbände *med.*	Substantiv / Nomen Nominativ: *der* Genitiv: *des* Dativ: *dem* Akkusativ: *den*	ፋሻ/መሽፈኒ	bandage
die	Verbend*ung*	-en die Endungen	Substantiv / Nomen Nominativ: *die* Genitiv: *der* Dativ: *der* Akkusativ: *die*	መወዳእታ ግሲ	verb ending
die	Verb*form*	-en die Formen	Substantiv / Nomen Nominativ: *die* Genitiv: *der* Dativ: *der* Akkusativ: *die*	ዓይነት ግሲ	verb from
34 ge	*verbinden*	am Telefon	Verb	ምጽኻዕ/ምትሳሳር	to connect
	verboten	Parken verboten	Adjektiv	ክልክል/ውጉድ	forbidden
die	Verbposit*ion*	-en die Positionen	Substantiv / Nomen Nominativ: *die* Genitiv: *der* Dativ: *der* Akkusativ: *die*	ቦታ ግሲ	verb position
der	Verb*stamm*	"-e die Stämme	Substantiv / Nomen Nominativ: *der* Genitiv: *des* Dativ: *dem* Akkusativ: *den*	መሰረት ግሲ	verb stem
4 ge	*verdienen*	Was *verdienst* du?	Verb	ምዉላ ድ/መሃ ያ	to earn / make (money)
die	Vergangen*heit*	Sg.	Substantiv / Nomen Nominativ: *die* Genitiv: *der* Dativ: *der* Akkusativ: *die*	ሕሉፍ	past tense
die	Vergangenheits-*form*	-en die Formen	Substantiv / Nomen Nominativ: *die* Genitiv: *der* Dativ: *der* Akkusativ: *die*	ሕሉፍ	forms of the past tense
37 ge	*vergehen*		Verb sein	ምኽያድ/ምሕላፍ	to pass by
der	Vergleich	-e	Substantiv / Nomen	መንጻር/	comparison

		die Vergleiche	Nominativ: der Genitiv: des Dativ: dem Akkusativ: den		
39 ~~ge~~	vergleichen		Verb sichA	ምንጽጻር/ምወድዳር	to compare
	verheiratet	Bist du verheiratet?	Adjektiv	ሚዐዉ	married
der	Verkauf	"-e die Käufe	Substantiv / Nomen Nominativ: der Genitiv: des Dativ: dem Akkusativ: den	መሸጣ	sale
4 ~~ge~~	verkaufen		Verb sichA	ምሻጥ	morning until noon
der	Verkäufer	– die Verkäufer	Substantiv / Nomen Nominativ: der Genitiv: des Dativ: dem Akkusativ: den	ሸቃባይ	sales man
die	Verkäuferin	-nen die Verkäuferinnen	Substantiv / Nomen Nominativ: die Genitiv: der Dativ: der Akkusativ: die	ሸቃጢት	sales woman
die	Verkehrsver- bindung	-en die Bindungen	Substantiv / Nomen Nominativ: die Genitiv: der Dativ: der Akkusativ: die	መራኸቢ መስመር	connection (in traffic)
4 ~~ge~~	vermieten		Verb	ምክራይ	to rent (to s.o.:car, apartment, etc)
der	Vermieter	– die Vermieter	Substantiv / Nomen Nominativ: der Genitiv: des Dativ: dem Akkusativ: den	ኣካራያይ	landlord
die	Vermieterin	-nen die Vermieterinnen	Substantiv / Nomen Nominativ: die Genitiv: der Dativ: der Akkusativ: die	ኣካራዪት	landlady
die	Vermutung	-en die Vermutungen	Substantiv / Nomen Nominativ: die Genitiv: der Dativ: der Akkusativ: die	ጥርጠራ/ግምት	assumption
4 ~~ge~~	verrühren		Verb	ምክዋስ/ምጅንባር	to stir up
der	Versand	Sg.	Substantiv / Nomen Nominativ: der Genitiv: des Dativ: dem Akkusativ: den	ልኡኽ	shipping, dispatch
4 ~~ge~~	verschicken		Verb	ምኽዳድ/ምኸኣኸ	to send
die	Versichertenkarte	-n die Karten	Substantiv / Nomen Nominativ: die Genitiv: der Dativ: der Akkusativ: die	ወረቐት ኢንሹራንስ	health insurance card
4 ~~ge~~	verstauchen	Ballack hat sich den Fuß verstaucht.	Verb	ምቛጸይ	to sprain
78 ~~ge~~	verstehen	Verstehen Sie, was ich sage?	Verb	ምርዳእ	to understand
4 ~~ge~~	verteilen	Der Briefträger verteilt die Briefe.	Verb	ምዝርጋሕ/ምኸዳል	to distribute

4 ~~ge~~	*verwählen*	Der Anrufer *hat* sich *verwählt*	*Verb* + *sich*	ጌጋ ቀጽሪ ምዃል	to misdial
der	Videorecord*er*	– die Recorder	Substantiv / Nomen Nominativ: *der* Genitiv: *des* Dativ: *dem* Akkusativ: *den*	ቃዳሒ/መላኢ ቪዲዮ (ነታ ኣቐሓ)	viedeo recorder
4	viel	Eiskaffee, Wasser, Tee *macht* (*kostet*) sieben Euro zehn	*Verb*	ምገባር/ምፍጻም ዋጋ ራሕ	to make, here: to be (coffee, water...,it´s one eight)
	vielleicht	Meine Schwester *heiratet* vielleicht einen Araber.	Adverb	ምናልባት	perhaps
das	Viertel	– die Viertel *auch: Es ist Viertel vor 12.*	Substantiv / Nomen Nominativ: *das* Genitiv: *des* Dativ: *dem* Akkusativ: *das*	ርባዕ/ርብዒ	a quarter
der	Vokal	-e die Vokale	Substantiv / Nomen Nominativ: *der* Genitiv: *des* Dativ: *dem* Akkusativ: *den*	ኣብ መንጎ ዝኣቱ መድመጺ ፊደል (ኣብ ላቲን ከም a,e,i,o,u)	vowel
die	Volkshoch*schule*	-n die Schulen *Abkürzung* VHS	Substantiv / Nomen Nominativ: *die* Genitiv: *der* Dativ: *der* Akkusativ: *die*	ህዝባዊ ቤት ትምህርቲ	Adult Education Center
	vom	= von dem + D.	Präposition + Artikel	ካብናይ	of the, from the (beer from keg)
	von	Zahlen von 13 bis 200	Präposition	ካብ	from (numbers from 13 to 200)
	von Beruf	Was *sind* Sie von Beruf?	Präposition + Nomen	(ብ)ሞያ (እንታይ ሞያ ኻባኺ...)	by profession / trade (cook by profession)
	vor	+ A./D.	Präposition / Adverb	ቅድሚ	to
4, 14	vor.heizen	Die Köchin *heizt* den Backofen *vor*	*Verb trennbar*	ቀዳማዊ ምወዓይ	to preheat
55	vor.lesen	Die Lehrerin *liest* die Lektion *vor*	*Verb trennbar*	ምንባብ	to read to s.o.
55	vor.lesen	Die Teilnehmerin *liest* den Text *vor*	*Verb trennbar*	ምንባብ (ን'ኻልእ ሰብ)	to read s.o.
4	vor.stellen	*Stellen* Sie sich *vor*	*Verb trennbar / sichA*	ምጽላይ/ምግማት	to introduce
die	Vorbereit*ung*	-en die Vorbereitungen	Substantiv / Nomen Nominativ: *die* Genitiv: *der* Dativ: *der* Akkusativ: *die*	ምቅርራብ/ምድላው	preparation
die	Vorder*seite*	-n die Seiten	Substantiv / Nomen Nominativ: *die* Genitiv: *der* Dativ: *der* Akkusativ: *die*	ቀዳማይ ገጽ	front
	vorgestern	Wer *rief* vorgestern *an*?	Adverb	ቅድሜትማእ	day before yesterday
der	Vormit*tag*	-e die Tage	Substantiv / Nomen Nominativ: *der*	ቅድሚ ፍርቂ መዓልቲ	second-plural form

			Genitiv: *des* Dativ: *dem* Akkusativ: *den*		
die	Vormit*tag*	-en die Formen	Substantiv / Nomen Nominativ: *die* Genitiv: *der* Dativ: *der* Akkusativ: *die*	ንስካትኩም	plural form
	vorn(e)	Damentaschen *sind* vorne.	Adverb	ቅደሚ	in front
der	Vornam*e*	-n die Namen	Substantiv / Nomen Nominativ: *der* Genitiv: *des* Dativ: *dem* Akkusativ: *den*	ስም	first/Christian name
der	Vor*schlag*	"-e die Schläge	Substantiv / Nomen Nominativ: *der* Genitiv: *des* Dativ: *dem* Akkusativ: *den*	መተሓሳሰቢ/	suggestion
die	Vorspeis*e*	-n die Speisen	Substantiv / Nomen Nominativ: *die* Genitiv: *der* Dativ: *der* Akkusativ: *die*	ቅድመ-መግቢ/ኣፐረቲቮ	entree, appetizer
die	Vorspeisen*platte*	-n die Platten	Substantiv / Nomen Nominativ: *die* Genitiv: *der* Dativ: *der* Akkusativ: *die*	ቅድሚ መግቢ ዝወሃብ/ኣፐረቲቮ	dish of appetizers
die	Vorstell*ung*	-en die Stellungen	Substantiv / Nomen Nominativ: *die* Genitiv: *der* Dativ: *der* Akkusativ: *die*	ግምት/ሌላ/ምርኢት	introduction
die	Vor*wahl*	-en die Wahlen	Substantiv / Nomen Nominativ: *die* Genitiv: *der* Dativ: *der* Akkusativ: *die*	መእተዊ ቀኍጽሪ ተሌፎን	prefix, dialling code
der	VW	-s die VWs	Substantiv / Nomen Nominativ: *der* Genitiv: *des* Dativ: *dem* Akkusativ: *den*	ፋው ቪ	VolksWagen car
der	VW- *Käfer*	– die Käfer	Substantiv / Nomen Nominativ: *der* Genitiv: *des* Dativ: *dem* Akkusativ: *den*	ቮልክስ ቫገን	the VW Bug (car)
4	*wählen*	Sie *wählt* deine Telefonnummer	Verb	ምሕራጽ/ምሕራይ	to choose
	während	im Verlauf von; bezeichnet eine Zeitdauer, in deren Verlauf etwas stattfindet o. Ä.	Präposition	እና....(እና ጸሓፍኩ እንከለኹ)	while, during
4, 15	*wandern*		Verb *sein*	ምዝዋር ብእግሪ	hiking
das	Wandern	Sg.	Substantiv / Nomen Nominativ: *das* Genitiv: *des* Dativ: *dem* Akkusativ: *das*	ዞሮት ኣጋር	hiking
	Wann?	Wann *kommst* du nach Hause?	interrogativ = eine Frage	መዓስ፧	When?

	warm	wärmer, am wärmsten	Adjektiv	ምዉቕ	warm
	Warum?	Warum *lernst* du nicht Deutsch?	Adverb interrogativ = eine Frage	ስለምንታይ?	Why?
	Was *gibt's*?	Heute *gibt's* es keine Suppe	*Verb* interrogativ = eine Frage	ኣለዋ…(ኣብነት: ናይ ቁንቋ ጸገም ኣሎ) እንታይ ኣሎ?	there is
	Was *ist* los?	Was *ist* passiert?	interrogativ = eine Frage	እንታይ ተረኺቡ? እንታይ ከጋካ/ኪ…	What's happening?
	Was ist passiert?	Was *ist* los?	interrogativ = eine Frage	እንታይ ተረኺቡ?	What has happend?
	Was *kostet* das?	Wie teuer *ist* das?	Interrogativ = eine Frage	እዚ ክንደይ ኢዩ ዋጋኡ?	how much is it?
	Was?	Was *trinkst* du gerne?	Pronomen	እንታይ?	What?
die	Wäsche	Sg.	Substantiv / Nomen Nominativ: *die* Genitiv: *der* Dativ: *der* Akkusativ: *die*	ሕጸቦ	laundry
87	*waschen*	ich wasche, habe gewaschen	*Verb* +sich A	ምሕጻብ	to wash
die	Wasch*maschine*	-n die Maschinen	Substantiv / Nomen Nominativ: *die* Genitiv: *der* Dativ: *der* Akkusativ: *die*	ሓጸቢት-ክዳን ማኪና	washing machine
das	Wasser	Sg.	Substantiv / Nomen Nominativ: *das* Genitiv: *des* Dativ: *dem* Akkusativ: *das*	ማይ	water
der	Wasserkoch*er*	– die Kocher	Substantiv / Nomen Nominativ: *der* Genitiv: *des* Dativ: *dem* Akkusativ: *den*	መፍልሒት ማይ ማኪና	water cooker
4	*wechseln*	Die Bank *wechselt* das Geld	*Verb*	ለወጢቅያር/ሽርፈ	to change
4	*wecken*	Der Wecker *weckt* meinen Vater	*Verb*	ምብጋር	to wake up
der	Weck*er*	– die Wecker	Substantiv / Nomen Nominativ: *der* Genitiv: *des* Dativ: *dem* Akkusativ: *den*	መተስኢ ሰዓት	alarm clock
	weg	Die Leute *sind* alle weg.	Adverb	ኪድ/ርሓቕ	gone
der	*Weg*	-e die Wege	Substantiv / Nomen Nominativ: *der* Genitiv: *des* Dativ: *dem* Akkusativ: *den*	መንገዲ	here: route
2	*weg sein*		*Verb* sein	ምኻድ	to be gone
26	*weg.bringen*		*Verb* trennbar	ምባጻሕ	to carry / to take away
61	*weg.nehmen*	ich nehme weg, ich habe weggenommen	*Verb* trennbar	ምዉሳድ/ምምንጣል	to take off
90	*weg.wollen*	Ich *will* gleich weg. ich *habe* weggewollt	*Verb* trennbar sein	ከትከይድ ምድላይ	to want to go away
die	Weg*beschreibung*	-en	Substantiv / Nomen	ሓባሪ መንገዲ	route description

		die Beschreibungen	Nominativ: *die* Genitiv: *der* Dativ: *der* Akkusativ: *die*		
der	Weg*weiser*	– die Weiser	Substantiv / Nomen Nominativ: *der* Genitiv: *des* Dativ: *dem* Akkusativ: *den*	ሓባሪ መንገዲ	directory, information board
85	*weh.tun*		Verb trennbar sichD	ምቐንዛ ወ/ምሕማም	to hurt
	weich	Die Wolle *ist* weich	Adjektiv	ፈኲስ/ፈርካሽ /ልስሉስ	soft (You pronounce these sounds soft / hard)
die	Weihnachts*feier*	-n die Feiern	Substantiv / Nomen Nominativ: *die* Genitiv: *der* Dativ: *der* Akkusativ: *die*	በዓል ልደት	Christmas party
	weil	Meine Mutter *kommt* nicht, weil sie keine Zeit *hat*.	Konjunktion	ስለ ዝ…/ምኽንያቱ	because
der	Wein	-e die Weine	Substantiv / Nomen Nominativ: *der* Genitiv: *des* Dativ: *dem* Akkusativ: *den*	ቪኖ	wine
das	Wein*lokal*	-e die Lokale	Substantiv / Nomen Nominativ: *das* Genitiv: *des* Dativ: *dem* Akkusativ: *das*	እንዳ ቢኖ	wine pub
	weiß	Die Wolke *ist* weiß	Adjektiv	ጻዕዳ	white
das	Weiß*brot*	-e die Brote	Substantiv / Nomen Nominativ: *das* Genitiv: *des* Dativ: *dem* Akkusativ: *das*	ጻዕዳ ባኒ	white bread
der	Weiß*kohl*	Sg.	Substantiv / Nomen Nominativ: *der* Genitiv: *des* Dativ: *dem* Akkusativ: *den*	ካውሎ ካፑቺ	white cabbage
der	Weiß*wein*	-e die Weine	Substantiv / Nomen Nominativ: *der* Genitiv: *des* Dativ: *dem* Akkusativ: *den*	ጻዕዳ ቪኖ	white wine
die	Weißwein*schorle*	-n die Schorlen	Substantiv / Nomen Nominativ: *die* Genitiv: *der* Dativ: *der* Akkusativ: *die*	ዝተቐጠነ ጻዕዳ ቪኖ	drink of white wine mixed with carbonated water
die	Weiß*wurst*	"-e die Würste	Substantiv / Nomen Nominativ: *die* Genitiv: *der* Dativ: *der* Akkusativ: *die*	ብስም ከተማ ምዩንክ ዝጽዋዕ ብስቴካ	white sausage from Munich
	weit	Meine Heimat *ist* weit	Adjektiv	ርሐቐ	far
	weiter	*Machen* wir weiter?	Adjektiv / Adverb	ቀጽል	further
	weiter-	Wir *gehen* weiter	Adjektiv	ቃጺሊ	further (Collect further examples.)
4	*weiter.machen*	*Machen* Sie bitte Ihre Arbeit *weiter*.	Verb trennbar	ምቕጻል	to continue

der	Weizen	Sg.	Substantiv / Nomen Nominativ: *der* Genitiv: *des* Dativ: *dem* Akkusativ: *den*	ስርናይ	wheat
das	Weizen*bier*	-e die Biere	Substantiv / Nomen Nominativ: *das* Genitiv: *des* Dativ: *dem* Akkusativ: *das*	በሬ-ስርናይ	wheat beer
	welch-	Welche Sprache *sprechen* Sie?	Pronomen	ኣየናይ	which (Which words do you know?)
die	Welt*karte*	-n die Karten	Substantiv / Nomen Nominativ: *die* Genitiv: *der* Dativ: *der* Akkusativ: *die*	ካርታ ዓለም/ስእሊ ዓለም	map of the world
die	Welt*sprache*	-n die Sprachen	Substantiv / Nomen Nominativ: *die* Genitiv: *der* Dativ: *der* Akkusativ: *die*	ቋንቋ ዓለም	world language
	weltweit	Du *kannst* weltweit Cola *trinken*	Adjektiv	ዓለምለኸ/መላእ ዓለም	worldwide
	wenigstens	*Kannst* du wenigsten *kochen*?	Adverb	ብወሓዱ	at least
	wenn	Ich *rufe* dich *an*, wenn ich Zeit *habe*.	Konjunktion	እንተ...	if, when
	Wer?	Wer *ist* das?	Pronomen	መን?	Who? Who is that?
der	Westen	Sg. *Grammatik*: Himmelsrichtungen haben alle den Artikel „der": *der* Norden, *der* Süden, *der* Westen, *der* Osten	Substantiv / Nomen Nominativ: *der* Genitiv: *des* Dativ: *dem* Akkusativ: *den*	ምዕራብ	West
die	W-*Frage*	-n die Fragen	Substantiv / Nomen Nominativ: *die* Genitiv: *der* Dativ: *der* Akkusativ: *die*	መሕተቲ ቃል(ኣብነት: ከመይ፣እንታይ: ኣበይ...)	w-question
das	W-Fragen-*Spiel*	-e die Spiele	Substantiv / Nomen Nominativ: *das* Genitiv: *des* Dativ: *dem* Akkusativ: *das*	እንታይ: ኣየናይ: ከመይ...ወዘተ ሕቶታት	game of the w-questions
	wichtig	B1 Deutschprüfung *ist* für viele wichtig	Adjektiv	ኣድላዪ	important
	wie	Dann nehme ich Wasser wie in Italien. *Sagen* Sie mir bitte, wie *komme* ich zum Bahnhof? Wer *weiß*, wie *schreibt* man Tigrigna?	Konjunktion Adverb	*ከመይ/ከም* *ከመይ ወይ ኣብ ምጽጻር ..ከም (ኣብቲ ከምስረኻ ከማኻ ወዘተ)*	as (Then I´ll take water, as in Italy.)
	Wie bitte?	Ich *habe* Sie nicht *verstanden*! Bitte wiederholen Sie noch einmal.	Fragewort	ደግ ማለይ/ምኣይ/ማይ/ማኣይ ግዳ	I beg your pardon? / Sorry?
	Wie geht's?	Danke der Nachfrage, gut. Und Ihnen?	Gruß, Frage	ከመይ ኣለኻ?/ኪዲኻ/ኻም	How are you?

				.... ከመይ ይኸይድ ኣሎ?	
	Wie lange?	Wie lange *lernst* du Deutsch?	Interrogativ = eine Frage	ክሳብ መዓስ	How long?
	Wie spät ist es?	Welche Uhrzeit *haben* wir?	Interrogativ = eine Frage	ሰዓት ክንደይ ኣሎ?	What time is it
	Wie viel?	mehr, am meisten	Adjektiv	ብዙሕ	much
	Wie viel?	Was *kostet*...?	Interrogativ = eine Frage	ክንደይ?	How much?
	Wie?	*Wie* heißen Sie?	Adverb	ከመይ?	what (What is your name?)
72	*wieder.sehen*		Verb trennbar sichA	ዳግመምዋእላይ	to see (s.o.) again
4 ge	wiederholen	*Wiederholen* Sie bitte Ihren Namen	Verb sichA	ምድጋም	to repeat
das	Wiederholungs-*spiel*	-e die Spiele	Substantiv / Nomen Nominativ: *das* Genitiv: *des* Dativ: *dem* Akkusativ: *das*	ተደጋጊጋ ወጣ	repetition game
das	Wieder*sehen*	Sg.	Substantiv / Nomen Nominativ: *das* Genitiv: *des* Dativ: *dem* Akkusativ: *das*	/ዳግመምዋእላይ/ርክብ	renewed meeting
das	Wiener *Schnitzel*	– die Schnitzel	Substantiv / Nomen Nominativ: *das* Genitiv: *des* Dativ: *dem* Akkusativ: *das*	ብስም ከተማ ቪባ ዝጽዋዕ ብስቴካ	Viennese veal escalope / schnitzel
	willkommen	Willkommen in Deutschland	Adjektiv	እንቋዕ ብደሓን መጻእካ/ኪ	welcome
	Willkommen in Darmstadt	Die Gäste *sind* willkommen.	Aussagesatz	ን ቢለፈልድ እንቋዕ ብደሓን መጻእካ/ኪ	Welcome to Darmstadt
89	*wissen*	*Wissen* Sie die Hauptstadt von Deutschland?	Verb	ምፍላጥ	to know
	Wo?	Wo *wohnen* Sie?	Adverb	ኣበይ?	Where?
die	Woch*e*	-n die Wochen	Substantiv / Nomen Nominativ: *die* Genitiv: *der* Dativ: *der* Akkusativ: *die*	ሰሙን	week
das	Wochen*ende*	-n die Enden	Substantiv / Nomen Nominativ: *das* Genitiv: *des* Dativ: *dem* Akkusativ: *das*	መወዳእታ ሰሙን	weekend
der	Wochen*markt*	¨-e die Märkte	Substantiv / Nomen Nominativ: *der* Genitiv: *des* Dativ: *dem* Akkusativ: *den*	ዕዳጋ ሰሙን/ሰሙናዊ ዕዳጋ	weekly market
der	Wochen*tag*	-e die Tage	Substantiv / Nomen Nominativ: *der* Genitiv: *des* Dativ: *dem* Akkusativ: *den*	መዓልቲታት ሰሙን	day of the week
	Woher?	Woher *kommen* Sie?	Adverb	ካ'በይ?	Where ...from?
	Wohin?	Wohin *gehen* die Menschen?	Adverb	ናበይ?	where (to)

4	wohnen	*Wohnen* Sie in Darmstadt?	*Verb*	ምንባር/ምቻማጥ	to live
das	Wohn*geld*	-er die Gelder	Substantiv / Nomen Nominativ: *das* Genitiv: *des* Dativ: *dem* Akkusativ: *das*	ንመበሪ/ንክራይ ዝወሃብ ሓገዝ	housing allowance
der	Wohn*ort*	-e die Orte	Substantiv / Nomen Nominativ: *der* Genitiv: *des* Dativ: *dem* Akkusativ: *den*	መንበሪ ቦታ	place of residence
die	Wohn*ung*	-en die Wohnungen	Substantiv / Nomen Nominativ: *die* Genitiv: *der* Dativ: *der* Akkusativ: *die*	መንበሪ ገዛ	apartment
die	Wohnungs*suche*	Sg.	Substantiv / Nomen Nominativ: *die* Genitiv: *der* Dativ: *der* Akkusativ: *die*	ምድላይ መንበሪ ገዛ	search for accomodation
das	Wohn*zimmer*	– die Zimmer	Substantiv / Nomen Nominativ: *das* Genitiv: *des* Dativ: *dem* Akkusativ: *das*	ሳሎን	living room
90	wollen		*Verb* *Modalverb*	ምዳላይ	to want
das	Wort	-e/"-er die Worte die Wörter	Substantiv / Nomen Nominativ: *das* Genitiv: *des* Dativ: *dem* Akkusativ: *das*	ቃል	word
der	Wort*akzent*	-e die Akzente	Substantiv / Nomen Nominativ: *der* Genitiv: *des* Dativ: *dem* Akkusativ: *den*	ኣደማግጻ ቃል	word accent
das	Wörter*buch*	"-er die Bücher	Substantiv / Nomen Nominativ: *das* Genitiv: *des* Dativ: *dem* Akkusativ: *das*	መጽገ በ-ቃላት	dictionary
das	Wörter*training*	-s die Trainings	Substantiv / Nomen Nominativ: *das* Genitiv: *des* Dativ: *dem* Akkusativ: *das*	ልምምድ ቃላት	word training
das	Wort*feld*	-er die Felder	Substantiv / Nomen Nominativ: *das* Genitiv: *des* Dativ: *dem* Akkusativ: *das*	ቦታ ቃል	words belonging to a topic
die	Wort*liste*	-n die Listen	Substantiv / Nomen Nominativ: *die* Genitiv: *der* Dativ: *der* Akkusativ: *die*	ዝርዝረ-ቃላት	word list
die	Wort*liste*	-n die Wortlisten	Substantiv / Nomen Nominativ: *die* Genitiv: *der* Dativ: *der* Akkusativ: *die*	ዝርዝር ቃላት	list of words
der	Wort*schatz*	"-e die Schätze	Substantiv / Nomen Nominativ: *der* Genitiv: *des*	ብዝሒ ቃላት	vocabulary

			Dativ: *dem* Akkusativ: *den*		
die	Wortschatz*karte*	-n die Karten	Substantiv / Nomen Nominativ: *die* Genitiv: *der* Dativ: *der* Akkusativ: *die*	ቃላት መዋህሊሊ ወረቐት	vocabulary card
der	Wort*teil*	-e die Teile	Substantiv / Nomen Nominativ: *der* Genitiv: *des* Dativ: *dem* Akkusativ: *den*	ክፋለ-ቃል	part of the word
	Wozu?	Wozu *brauchst* du soviel Geld?	Adverb	ንምንታይ	What for ?
der	Wunsch	"-e die Wünsche	Substantiv / Nomen Nominativ: *der* Genitiv: *des* Dativ: *dem* Akkusativ: *den*	ባህጊ/ትምኒት	wish, request
4	wünschen	Ich *wünsche* mir viel Geld	Verb sich etw.	ምትምኒ ይ/ምን ያት	to wish
das	Würfel*spiel*	-e die Spiele	Substantiv / Nomen Nominativ: *das* Genitiv: *des* Dativ: *dem* Akkusativ: *das*	6 ገጹ ዳርባ ጸወታ	dice game
die	Wurst	"-e die Würste	Substantiv / Nomen Nominativ: *die* Genitiv: *der* Dativ: *der* Akkusativ: *die*	ሽሊሕ ውዱአ ዝጥበስ ስጋ	sausage
das	Würst*chen*	— die Würstchen	Substantiv / Nomen Nominativ: *das* Genitiv: *des* Dativ: *dem* Akkusativ: *das*	ዝጥበስ ሰሊሕ ስጋ	small sausage
4	würzen	Wer würzt de Salat?	Verb	ምቅማም	to season
die	Zahl	-en die Zahlen	Substantiv / Nomen Nominativ: *die* Genitiv: *der* Dativ: *der* Akkusativ: *die*	ቁጽሪ/ኣሃዝ	the number
	zählbar	Du *kannst* zählen (Bücher, Handys)	Adjektiv	ተቖጻሪ/ዝቖጸር	countable
4	zahlen	Der Chef zahlt die Rechnung	Verb	ምኽፋል	to pay
4	zählen	zusammenzählen ich *verlasse* mich auf dich	Verb	ምቛጽር	to count (to count from 1 to 10)
der	Zahn	"-e die Zähne	Substantiv / Nomen Nominativ: *der* Genitiv: *des* Dativ: *dem* Akkusativ: *den*	ስኒ	tooth
der	Zahn*arzt*	"-e die Ärzte	Substantiv / Nomen Nominativ: *der* Genitiv: *des* Dativ: *dem* Akkusativ: *den*	እቲ ሓኪም ስኒ	dentist
die	Zahn*ärztin*	-nen die Ärzt*innen*	Substantiv / Nomen Nominativ: *die* Genitiv: *der* Dativ: *der* Akkusativ: *die*	እታ ሓኪም ስኒ	dentist
der	Zahn*schmerz*	-en	Substantiv / Nomen	ቃንዛ ስኒ	toothache

		die Schmerzen meist *Pl.*	Nominativ: *der* Genitiv: *des* Dativ: *dem* Akkusativ: *den*		
die	Zeh*e*	-n die Zehen	Substantiv / Nomen Nominativ: *die* Genitiv: *der* Dativ: *der* Akkusativ: *die*	ኣጻብዕቲ እግሪ	toe
die	Zeichn*ung*	-en die Zeichnungen	Substantiv / Nomen Nominativ: *die* Genitiv: *der* Dativ: *der* Akkusativ: *die*	ስእሊ.	drawing
4	*zeigen*	zeige, zeigte, habe gezeigt	*Verb* +sichA	ማዘብ ር/ምዊ ኣይ/ምም ልካት	to show
die	Zeit	-en die Zeiten	Substantiv / Nomen Nominativ: *die* Genitiv: *der* Dativ: *der* Akkusativ: *die*	ጊዜ	time
die	Zeit*angabe*	-n die Angaben	Substantiv / Nomen Nominativ: *die* Genitiv: *der* Dativ: *der* Akkusativ: *die*	ው·ህበት ጊዜ	exact time
die	Zeit*ansage*	-n die Ansagen	Substantiv / Nomen Nominativ: *die* Genitiv: *der* Dativ: *der* Akkusativ: *die*	ምው·ሳን/ምፍላጥ ጊዜ	announcement of the time
die	Zeitarbeit*firma*	- die Firmen	Substantiv / Nomen Nominativ: *die* Genitiv: *der* Dativ: *der* Akkusativ: *die*	ግዝያዊ ስራሕ መማጽኢ.	temporary work agency
	zeitlich	einen Termin festlegen	Adjektiv	እዋናዊ/ጊዜኣዊ	chronological
der	Zeit*punkt*	-e die Punkte	Substantiv / Nomen Nominativ: *der* Genitiv: *des* Dativ: *dem* Akkusativ: *den*	እዋን/ጊዜ	point in time
die	Zeit*ung*	-en die Zeitungen	Substantiv / Nomen Nominativ: *die* Genitiv: *der* Dativ: *der* Akkusativ: *die*	ጋዜጣ	newspaper
das	Zentrum	die	Substantiv / Nomen Nominativ: *das* Genitiv: *des* Dativ: *dem* Akkusativ: *das*	ማእከል	center
91	*ziehen*	Der Bruder *zieht* seine Schwester an den Haaren	Verb	ምኽሓብ	to move (In 1981, I moved to Tula)
das	Ziel	-e die Ziele	Substantiv / Nomen Nominativ: *das* Genitiv: *des* Dativ: *dem* Akkusativ: *das*	ዕላማ	destination
das	Zigeuner*schnitzel*	– die Schnitzel	Substantiv / Nomen Nominativ: *das* Genitiv: *des* Dativ: *dem* Akkusativ: *das*	ብሲጋ ይና/ብጀብሲ ዝፍላጥ ጥብሲ. ስጋ	cutlet in spicy sauce
das	Zimmer	–	Substantiv / Nomen	ክፍሊ.	room

		die Zimmer	Nominativ: das Genitiv: des Dativ: dem Akkusativ: das		
	Zimmer, Küche und Bad	ZKB	Aussagesatz	ክፍሊ፡ ክሽነ ፡ ሽንቲ ቤት/ሽቓቅ	Room, Kitchen, Bath
der	Zirkus	-se die Zirkuse	Substantiv / Nomen Nominativ: der Genitiv: des Dativ: dem Akkusativ: den	ሰርኩስ	circus
die	Zitrone	-n die Zitronen	Substantiv / Nomen Nominativ: die Genitiv: der Dativ: der Akkusativ: die	ለሚን	lemon
die	Zone	-n die Zonen	Substantiv / Nomen Nominativ: die Genitiv: der Dativ: der Akkusativ: die	ከባቢ/ዞባ	zone
der	Zoo	-s die Zoos	Substantiv / Nomen Nominativ: der Genitiv: des Dativ: dem Akkusativ: den	መካነ- እንስሳታት/ዙ	zoo
	zu	Der Mann ist zu Hause.	Dativ / Präposition	ናብ……ን	at, at the
	zu	+ D.	Präposition / Konjunktion	ን (ኣብንት ንምክamekebery ኢይ……	here: with
	zu Besuch	Meine Freundin ist bei mir zu Besuch	Präposition + Nomen	ን ምብጻሕ	to be visiting s.o.(Maria is here for a visit.)
	zu Ende	Wann ist der Deutschkurs zu Ende?	Präposition + Nomen	መወዳእታዝ ወዳእ/ምወዳእ	be over (When does the film come to an end? When does the film end?)
	zu Fuß	Wir gehen jeden Tag zu Fuß in die Schule	Präposition + Nomen	ብ እግሪ	on foot
	zu Hause	Bist du zu Hause?	Nomen	ኣብ ገዛ/ቤት	at home
2	zu sein	Warum ist Aldi zu?	Verb	ማዕጾው	to be closed The bakery is still closed
	zu spät	Du kommst zu spät. Die Party ist vorbei	Adjektiv	ደንጉዩ	too late
	zu viel	Wir zahlen zu viel Steuer.	Adverb	ኣዝዩ ብዙሕ	too much (It´s too much money)
	zu wenig	weniger, am wenigsten	Adverb	ኣዝዩ ወሓድ/ቁሩብ	not enough, too little
	zu zweit	Sie kommen immer zu zweit.	Präposition + Adverb	ምክ ካልኣይ	in twos (group of 2)
4	zu.hören	Hören Sie zu!!!	Verb trennbar	ጽን-ምባል/ምክማዕ	to listen to
4	zu.machen	Bitte, machen Sie die Tür zu.	Verb trennbar	ማዕጾው	to close (The bakery closes at 7 o´clock.)
4, 12	zu.ordnen	Ordnen Sie bitte den Artikel dem Nomen zu	Verb trennbar	ምወጋን/ምክራይ	to assign
die	Zucchini	– die Zucchini	Substantiv / Nomen Nominativ: die	ዝኩኒ	zucchini

			Genitiv: der Dativ: der Akkusativ: die		
der	Zucchini*auflauf*	"-e die Aufläufe	Substantiv / Nomen Nominativ: der Genitiv: des Dativ: dem Akkusativ: den		to play (to play music)
der	Zucker	Sg.	Substantiv / Nomen Nominativ: der Genitiv: des Dativ: dem Akkusativ: den	ሽኮር	sugar
	zuerst	Wer *kam* zuerst?	Adverb	ፈለማ*ወጃ*ሚ ያ	first, at first
der	Zug	"-e die Züge	Substantiv / Nomen Nominativ: der Genitiv: des Dativ: dem Akkusativ: den	ባቡር	train
	zuletzt	Wer *kam* zuletzt?	Adverb	ኣብ ማኮሪ ሽታ	at last
	zum	= zu dem + D.	Präposition + Artikel	ናብ	to the
	zunächst	Zunächst *lernen* wir die Buchstaben.	Adverb	ፈለማ	first
	zur	= zu der + D. *Gehst* du oft zu deiner Mutter?	Dativ / Präposition + Artikel	ናብ	to the
das	Zürcher *Geschnetzelte*	Sg.	Substantiv / Nomen Nominativ: das Genitiv: des Dativ: dem Akkusativ: das	ብስም ከተማ ዙሪክ ዝጽዋዕ ዝልዝል ስጋ	dish of small strips of meat with sauce
	zurück	Mein Bruder *ist* zurück in die Heimat gegangen.	Adverb	ምሟስ/ድሕሪት	back
	zusammen	!!Adverb: gemeinsam	Adverb	ብሓንሳብ/ብሓባር	together
4	zusammen.passen	Deine Schwester und mein Bruder *passen* nicht zusammen	Verb trennbar	ዝሰማሟዕ/ዝቃደዉ.	to match
	zuständig	Wer *ist* hier zuständig?	Adjektiv	ተሓታቲ/ሓላፊ	responsible
die	Zustandsver-*änderung*	-en die Veränderungen	Substantiv / Nomen Nominativ: die Genitiv: der Dativ: der Akkusativ: die	ተቐይር ኩነታት	change of state
die	Zutat	-en die Zutaten	Substantiv / Nomen Nominativ: die Genitiv: der Dativ: der Akkusativ: die	ወሰኽ	ingredient
das	Zweizimmer -*appartement*	-s die Appartments	Substantiv / Nomen Nominativ: das Genitiv: des Dativ: dem Akkusativ: das	ክልተ ክፍሊ ማበሪ	one-bedroom-apartment
die	Zwiebel	-n die Zwiebeln	Substantiv / Nomen Nominativ: die Genitiv: der Dativ: der Akkusativ: die	ሽጉርቲ	onion
	zwischen	+ A./D.	Präposition	መንጎ	between